组织发展

阿里巴巴人才管理之道

张 琳 著

中国铁道出版社有限公司
CHINA RAILWAY PUBLISHING HOUSE CO., LTD.

图书在版编目(CIP)数据

组织发展：阿里巴巴人才管理之道/张琳著. —北京：中国铁道出版社有限公司, 2024.4
ISBN 978-7-113-30935-0

Ⅰ.①组… Ⅱ.①张… Ⅲ.①企业管理-人才管理-研究 Ⅳ.①F272.92

中国国家版本馆 CIP 数据核字(2024)第 017572 号

书　　名：	组织发展：阿里巴巴人才管理之道
	ZUZHI FAZHAN:ALIBABA RENCAI GUANLI ZHIDAO
作　　者：	张　琳

责任编辑：王　佩	编辑部电话：(010)51873022	电子邮箱：505733396@qq.com

封面设计：仙　境
责任校对：苗　丹
责任印制：赵星辰

出版发行：	中国铁道出版社有限公司（100054,北京市西城区右安门西街8号）
印　　刷：	北京盛通印刷股份有限公司
版　　次：	2024年4月第1版　2024年4月第1次印刷
开　　本：	710 mm×1 000 mm　1/16　印张：10.5　字数：134 千
书　　号：	ISBN 978-7-113-30935-0
定　　价：	69.80 元

版权所有　侵权必究

凡购买铁道版图书，如有印制质量问题，请与本社读者服务部联系调换。电话：(010)51873174
打击盗版举报电话：(010)63549461

序

读者朋友们,我是张琳,很高兴你能在茫茫书海中遇到这本书。

这本书的诞生来源于三个一:一段经历、一门课程、一群学员。

研究生毕业后,我一直从事咨询工作,一开始带顾问团队,从前期的销售到后期的项目交付都有涉猎。后来在几家企业负责搭建组织和人才发展体系,包括在阿里巴巴(以下简称阿里)也一直从事组织发展方面的工作。在阿里的工作经历给我带来了非常大的震撼,很少看到一家公司如此注重人才管理、价值观和文化。尤其是在阿里工作后,我不仅彻底理解了"使命、愿景、价值观"这些看起来虚无缥缈的概念,还见证了人才管理对于公司经营发展产生助推的力量。

很多公司的人才管理都是人力资源部门的工作,但阿里之所以能形成良将如潮、猛将如云的盛况,核心是打通了组织的底层逻辑,即组织和人才发展不单依靠人力资源管理者超强的专业能力,更重要的是依靠领导者的管理能力。阿里最有名的管理"三板斧",就是借助管理课程将这些理念年复一年,通过十几年的持续宣贯输入给管理者,实现人力资源管理者和管理者的同频共振,我认为这才是一家公司人才管理真正的开始。

同时,阿里的工作经历也改变了我后续职业生涯的选择,我从阿里离职后创办了"张琳老师工作室"。人们常说最好的职业生涯是找到一个自己喜欢、擅长又有价值的事情。我在几年前第一次录制的线上课程,一晚上获得了上千的收听率,对于我来说,当老师最大的成就感并不是这些数字,而是听到很多同学说"张琳老师,听了您的课非常有收获,解决了困扰我很久的问题"的那种成就感。我希望将阿里在战略设计和人才管理上的实践通过培训课程让更多的公司学会,因为公司的战略、文化、组织这些重要问题不是靠一、两个创始人灵光一现的创意,它们有系统的、完善的方法论,如果更多的公司通过我的培训和课程真正提升了管理能力,继而成就了更多的商业领袖型公司,那等我八十岁的时候在躺椅上就真的"不因虚度年华而悔恨,不因碌碌无为而羞耻"了,所以我工作室的使命是"让更多的组织感受到管理的力量"。

工作室的第一门课程"组织发展实战公开课:战略落地与组织发展双引擎",上线后瞬间就成了全网的爆款课,到目前已经完成了三十期,多家互联网公司和头部企业都学习过这门课;随后工作室又推出人力资源合作伙伴(HRBP)线上课程,依然是三十多期场场爆满。

现在,我的工作室更多是以管理"三板斧"为核心的企业内训和以战略、文化为主题的陪伴式辅导,很多听过我课程的同学都有一个共同的感受:接地气、能落地。那是因为我们一致恪守自己的价值观:专业有高度、生动有温度。

由于合作的很多公司是创业型公司或者中小型企业,有时候无法组织大规模的企业内训,所以很多同学一直在问我有没有出版相关的书籍,可以通过带有书香气息的方式向更多的人传递人才管理的力量。经过了一年多的准备,这本书便顺利诞生了。

书中虽然有很多阿里人才管理案例的呈现,但它不仅仅是一本"案例书"。因为我在书中总结出了阿里成功背后的逻辑和方法论,而这些才是值得每家公司学习、借鉴和落地的精华。

最后,祝各位开卷有益。

张　琳

目 录

第1章　阿里的"良将如潮""猛将如云"是如何形成的 ……………… 1
　1.1　你的组织到底是在"管理人才"还是在"管控人才" ………… 1
　1.2　阿里人才管理的本质：一颗心、一张图、一场仗 …………… 6
　1.3　"三力模型"：阿里管理者心脑体的三项修炼 ………………… 8
　1.4　视人为人：关于阿里人才管理体系的五个底层逻辑 ……… 12
　　本章知识点精华 …………………………………………………… 14

第2章　贴近战略：人才管理的出发点是推动战略落地 ……………… 15
　2.1　不懂业务，人才管理体系一定会掉的四个坑 ……………… 15
　2.2　一张图绘制出战略生成到人才管理的闭环 ………………… 18
　2.3　战略生成：战略的"上三板斧" …………………………… 20
　2.4　战略执行：阿里的绩效体系如何实现业绩和价值观双轮
　　　 驱动 ………………………………………………………… 24
　　本章知识点精华 …………………………………………………… 36

第3章　精准选才：把好企业入口关 ……………………………… 37
　3.1　面试到底是谁的事儿——管理者是组织的首席人才官 ……… 37

3.2 成为"阿里人"的四个必要条件 ………………………………… 41
3.3 阿里管理者必修技能：两个工具实现"知人知面又知心" …… 43
3.4 拿什么留住你，昂贵的高潜人才们 …………………………… 47
　　本章知识点精华 …………………………………………………… 49

第4章　人才盘点：阿里"杀野狗、烹白兔"背后的逻辑 …… 50
4.1 人才盘点的起点是什么 ………………………………………… 50
4.2 轻松上手人才盘点的五个关键点 ……………………………… 54
4.3 人才盘点的工具有哪些 ………………………………………… 60
4.4 如何理解九宫格 ………………………………………………… 63
　　本章知识点精华 …………………………………………………… 66

第5章　人才培养：高潜人才及梯队人才项目设计 …………… 67
5.1 721法则：高潜及梯队人才培养的黄金圈法则 ……………… 67
5.2 个人发展计划：IDP正确的打开方式 ………………………… 71
5.3 师徒制：如何防止教会徒弟饿死师傅的现象发生 …………… 75
5.4 阿里管理"三板斧"项目实践 ………………………………… 78
　　本章知识点精华 …………………………………………………… 85

第6章　提效利器：借助常见的OD工具提升组织效能 ……… 86
6.1 组织发展的本质 ………………………………………………… 86
6.2 组织诊断神器——阿里六个盒子落地与实践 ………………… 88
6.3 团队共创神器——如何让头脑风暴更高效 …………………… 97
6.4 目标跟进神器——阿里管理者必备的复盘 ………………… 106
　　本章知识点精华 ………………………………………………… 116

第7章　落地文化：一个模型将文化真正变为生产力 ……… 117
7.1 一句话定义企业文化的本质 ………………………………… 117
7.2 沟通是企业文化传承的第一步 ……………………………… 121
7.3 阿里日、年陈文化：用小众的狂欢引起大众的围观 ……… 124

7.4 阿里只做"有温度"的文化,而非"高福利"的文化 …………… 127
  本章知识点精华 ………………………………………………… 131

第8章 机制配套:究竟是 HRBP 还是换了个名字的 HRM ………… 132
  8.1 阿里的 HRBP 是如何工作的 ………………………………… 132
  8.2 阿里 HR 如何与业务管理者实现同频共振 ………………… 140
  8.3 HRBP 和 COE、SSC 如何进行高效的分工和协同 ………… 148
  8.4 传统企业、中小型企业向 HRBP 体系转型的几个关键点 …… 151
  本章知识点精华 ………………………………………………… 155

致 谢 ……………………………………………………………………… 156

第1章 阿里的"良将如潮""猛将如云"是如何形成的

1.1 你的组织到底是在"管理人才"还是在"管控人才"

人才管理是近几年来非常热门的一个概念,在各种学术论坛和企业内部的培训中,诸多管理者都想对人才发展做深度的探讨,溯其本源,因为人已经成为这个时代中最重要的资产。

但不妨往前一步,再深入思考,这是一个什么时代?

如果用一个名词或者形容词来定义今天的时代,你会填入怎样的词汇?

首先被提及较多的是"这是一个多变的时代"和"这是一个不确定的时

代",这两个词与近几年经常提到的一个概念VUCA[即volatility(易变性),uncertainty(不确定性),complexity(复杂性),ambiguity(模糊性)的缩写]高度统一,VUCA一开始是用来形容二战后复杂的政治环境,后来被商界所用,形容当前快速变化的商业世界的状态。

其次,被提到最多的是一个很常见的词:这是一个互联网时代。笔者把这个词的内涵再深入一下,感觉对应的应当是阿里的战略专家曾鸣教授所提的智能商业时代。

智能商业时代的基石是互联网,只是需要把这三个字拆开才能看到互联网的本质。首先是互,即为互动,通过各种方式完成和客户的互动。互动经历过三个阶段,一开始以新浪、网易、雅虎为代表的门户传播阶段,它代表着人们开始用一根网线来串联世界。接着进入了以微博为代表的关注时代,人们可以主动去选择想关注的人和事。最后是今天很多人每天都在用的、有上亿活跃用户的社交网络朋友圈——微信的阶段。

再来看联,联的本质是能否在互联网上提供产品和服务,也同样经历了三个阶段。第一阶段是个人计算机(personal computer,PC)互联网时代,人们在电脑上实现相通相连。第二阶段是移动互联网时代,2013年是移动互联网时代的元年,所有互联网公司都在这一年聚焦无线,今天有多少人还会在电脑端买东西呢,大部分都是在手机上完成交易。第三阶段就是正在进行中的物联网(internet of things,IoT)时代,实现万物互联。

互动让交流沟通具备无限可能,联是改变物理世界的底层技术革命,有了互,有了联,加在一起就织成了一张网,形成了网络,网的前提是连接和互动,而当结成了一张网后,互联网就给商业社会带来了颠覆性的改变。

智能商业时代要持续运转,需依靠两个双螺旋,第一个是网络协同,网络协同会产生网络效应,而网络效应的特点是大规模、多角色和实时互动。例如,今天的淘宝已经不是单纯的有卖家和买家就足够了,它背后还有对应的物流公司、提供供应链履约的公司、独立的品牌设计师、店铺装修方案设计师等。智能时代的另一个螺旋式是数据智能,在这个无数据不决策的时代,因为云端的存储,大数据的运算能力,借助算法的不断迭代,数据智能就实现了从人做决策到机器、数据做决策的转变。

基于网络协同,可以获取一个人在不同场景下的数据。例如淘宝买家看到一位用户今天买了奶粉,明天买了 S 码的尿不湿,那大概率可以判断,她应该是一位新手妈妈,淘宝的后台就会持续地推送与新生儿相关的产品,比如奶瓶保温器、口水巾等。这就是为什么大家打开淘宝,第一页呈现出的商品每个人都不一样,因为用了这种千人千面的技术实现了精确匹配。

而基于数据智能,从粗糙的目标开始逐步的迭代,在挖掘需求过程中越来越细腻和准确。所以说,网络协同和数据智能相辅相成、相互助力,让智能商业的双螺旋持续运转,如图 1-1 所示。

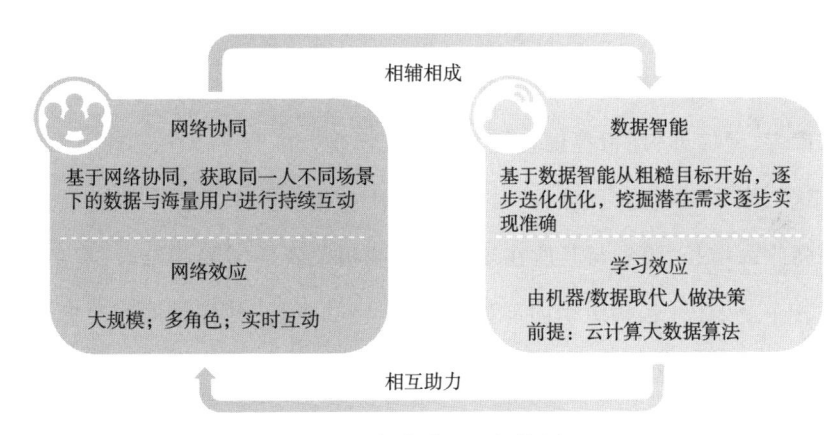

图 1-1 智能商业双螺旋图

商业环境的变化一定会对所有的企业和组织产生影响,咨询公司翰威特每年都会出全球十大人力资本分析报告。值得注意的是,在 2017 年以前每年的趋势都会与之前一年的有重叠的部分,只有 2018 年是人才管理的转折性元年,因为这一年的十条趋势与之前完全不同,而当年的主题尤其引人注目:社会化企业崛起,见表 1-1。

表 1-1 翰威特全球人力资本十大趋势

全球人力资本十大趋势：2017 VS 2018	
2017年人力资本趋势十大预测：迈向数字化	2018年人力资本趋势十大预测：社会化企业崛起
1. 组织设计的挑战无处不在	1. "交响团式"最高管理层
2. 文化和敬业度仍为顶级优先考虑事项	2. 劳动力生态系统
3. 实时反馈和分析将井喷	3. 新的奖惩机制
4. 新一代的绩效管理工具将涌现	4. 从职业到经历
5. "人力效能"和健康福利将成为人力资源管理的重要议题	5. 长寿红利
6. 人力资源将专注员工体验而非过程设计	6. 企业公民和社会影响
7. 数字化人力资源和学习将助力革新学习与发展及人力资源管理系统	7. 福利
8. 领导力发展需要持续不断地创新与提升	8. 人工智能、机器人技术和自动化
9. 多样性、包容性和无意识偏见将成为头等大事	9. 超连通工作场所
10. 学习与发展将不断改进	10. 人才数据

优步，虽是出行公司但并不拥有车辆；阿里：虽是大规模零售商但并不拥有库存；爱彼迎：住宿提供者但并不拥有物业。

这三家公司都是典型的社会化企业，社会化企业有这样一个定义，其使命是将收入增长、盈利与其所在环境和利益相关者的需要相结合，肩负着成为优秀企业公民（包括组织内部和组织外部）的责任，他们是同行的榜样，并在组织的各个层级促进高度合作。

传统企业向社会化企业转变有两个特点：一是在纵轴上从以往只关注企业内部的业务做小闭环，转变为与外部的链接越来越多，去做生态系统的大闭环；另一个体现在横轴上，组织内部的协同日益敏捷，以前高管团队首席执行官（CEO）、首席财务官（CFO）、首席运营官（COO）、首席人才官（CHO）更多是基于各自职能的管理式运作，但在一个社会化企业里，他们如同一支乐队，CEO是总指挥，所有的角色都是给予共同目标，形成交响乐式的网络协作。

有人可能会问，社会化企业一定是互联网公司吗？其实不是，比如海尔，很多人印象中的海尔可能还是一家传统的家电企业，隶属于制造业，但如果深入探究海尔整个业务链的话，会发现海尔早就是一家内部打造敏捷协同、外部打造生态经济的社会化企业。所以，社会化企业的概念与所处的行业没有关系，只与战略定位和组织模式有关。

从工业时代到智能商业时代，从传统企业到社会化企业，组织架构模式也随之发生了变化，如图1-2所示，组织结构一共经历过四个阶段。1.0的工业时代最经典的科层制，目标明确，结果分明，强调的是等级控制；2.0时代，企业规模急速扩大，一个管理者的管理幅度有限，就开始有了授权，强调的是市场竞争；3.0时代，组织的权力中心日趋分散，开始关注组织间的合作和竞争，强调的是网络协商；4.0是今天的智能商业时代，社会化企业的组织是生态型的，强调的是集体行动。可以看到，组织演变的本质是权力下沉，组织演变的关键是协作方式的改变。

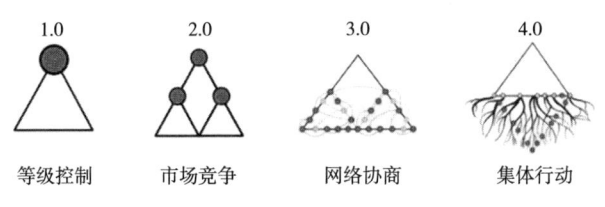

图1-2 组织模式的四个发展阶段

所以，人才管理的根本是商业环境发生了变化：从工业时代到互联网时代再到今天的智能商业时代。因为商业环境发生了变化，组织形态一定会变，从传统企业转变为社会化企业；组织变化了，对组织中管理者的角色、职责、能力要求都会发生变化，于是以前管理主要是等级的控制，而今天要强调赋能，阿里在很早前就提出了赋能组织的概念，赋能组织是智能商业时代最重要的组织运行规则。

在此之下的人才发展，不再是以前的管控，而是管理、是赋能，是赋予员工技能和能量，正所谓"让每一个加入阿里的人都成为更好的自己，成就生生不息的阿里"。

1.2 阿里人才管理的本质：一颗心、一张图、一场仗

阿里人才管理的逻辑是业务为阳、组织为阴，阴阳结合才能生生不息。所以阿里人才管理的核心逻辑就是业务和组织的完整闭环，精华核心即为组织人才管理大图，如图1-3所示。

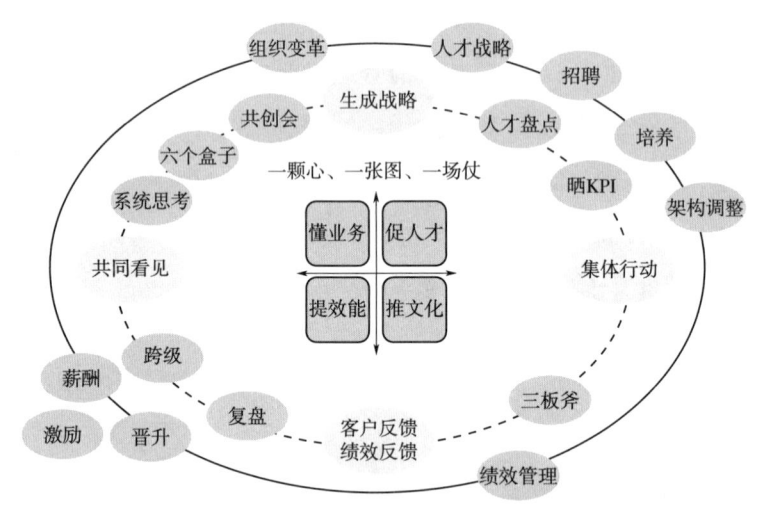

图1-3 阿里业务——组织人才管理大图

先说业务逻辑。阿里的新财年是从每年的4月1日开始的，在新财年开始前，管理者的核心任务是确定新一年的业务方向，集团高管负责公司整体方向的规划，这个规划通常是源于使命、愿景，对未来有着深度解析和思考的，如2019年开始提出的大数据、云计算、内需、全球化的构想，各个事业群、事业部的高管负责事业群（BG）、业务单元（BU）层面的构想，这个构想不仅高管层面要"看见"，更重要的是"共同"看见，伴随着第二步的生成战略，业务不仅明确了要往哪个方向打，也探讨用什么方式去打，"空投"、"陆地"抑或"海军"等。

伴随新财年的开始，阿里每年都会有盛大的启动（kick off，KO）仪式，代

表财年正式开始,从总部到各个事业部,KO 都是最关键的一次会议,需要全员参加,白天高管讲清楚业务目标,几大核心"战役"以及"战役"配备的"指挥官"是谁,晚上有颁奖典礼和歌舞表演来调节气氛,既展望未来又回顾过去;既有使命必达的严肃团结,又有舍我其谁的紧张活泼。

业务方向明确后便是集体行动,在探索中验证、在迭代中优化、在复盘中前进,到了年底就是收获反馈的时候,反馈包括两类,外部客户的反馈和内部绩效的反馈。所以共同看见、生成战略、集体行动、结果反馈就是业务的四个关键节点。

阿里组织和人才端的动作紧紧围绕着业务的关键节点,首先在图1-3 的最外圈,全部都是人力资源端的协同动作,例如在共同看见时常常会有第二曲线或者新业务模式的产生,组织上的承接,大者组织变革,小者组织优化,而在生成战略到集体行动前,业务变、组织变,所以会伴随着人才盘点、架构调整两个关键动作,如果盘点后发现人才数量和质量缺口较大,即开启招聘的动作,所以招聘其实是有最优时间的,每年3~4月基本是阿里招聘的高峰期,因为要为后面的"行军打仗"排兵布阵。

整个财年集体行动的时间很长,为了防止持久战带来的疲劳,阿里通常会用"大战"的形式做突击。如淘系的每年三场"大战":618、双11、双12;B系的每年市场"大战":3月、6月、9月、12月,有时11月和12月还会做双月连打,战役有起有伏,员工才不会被拖疲,而绩效管理则贯穿在每个月、每个季度。

最后,年底拿到结果,伴随着战功开展奖励惩罚,该晋升晋升,该加薪加薪,该给股权给股权,这就是伴随着业务节点的人才关键动作的配套。

另外在中间一圈,是所有阿里人才管理配套使用的工具。如共同看见到生成战略期间可以用到经典的组织诊断工具六个盒子、战略共创会、系统思考等工具;从生成战略到集体行动可以用到人才盘点、晒 KPI(关键绩效指标);从集体行动到客户反馈会始终贯穿经典的"三板斧";而从客户反馈到新一轮的共同看见可用到跨级 review(搭场子)和复盘等工具。

从这张阿里经典的业务——组织逻辑图可以看出,业务和组织是密不可分、完整联动的,所有组织和人才端的动作都是配合着业务的节奏来落地才是有效果的,只有业务和组织合力才能形成一颗心、画出一张图、打好一场仗,所以人才管理的核心逻辑是成就员工成功,赋能业务落地。

1.3 "三力模型":阿里管理者心脑体的三项修炼

从业务到组织体系的搭建,是阿里人才管理体系的精髓,可这种人才管理体系不仅是对人力资源管理者(HR)的考验,更重要的是对阿里管理者的要求,阿里管理者的能力要求一直都有一个非常有特色的模型,即三力模型:心力、体力、脑力三位一体,如图1-4所示。

首先,心力。想想看,相信和看见,哪个在前呢?因为看见,所以相信,还是因为相信,所以看见呢?

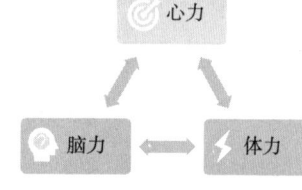

图1-4 阿里的三力模型

在阿里有一句话叫:因为相信,所以看见。这就是对心力的诠释,管理者就是要在别人都说你们不行、你们做不到、你们这个产品卖不出去、你们成为不了行业第一的时候,相信"相信"的力量。不仅自己信,还通过自己的力量让组织中更多的人去证明,让他们去相信,当所有的人都相信了,也就做到了。

说得再详细一点,管理者的心力可以拆解为三个维度。

> 第一是温度,管理者应该做一个有温度的人,要视人为人,而不是把人当工具,要知道每一个员工都是活生生的个体,都有情绪、有感情、有诉求、有喜好,在有些公司,管理者会有一张领导面孔,就是那种如果没事别人绝对不会来找你的脸孔,这种让人敬而远之的态度是不对的,

> 管理者一定要有温度,让别人觉得你是真实的、有情有义的,管理者跟员工在一起,首先是给人温暖的,只有眼中有人,心中才会有爱。
>
> 第二是气度,管理者通常是业务的一号位,一个管理者的决定一定是会被挑战、被质疑的,受委屈、不理解是必然的,所以大家要做管理者,一定要先有海纳百川的心态,不要玻璃心,一点小挫折就过不去,那种全身都是命门、一戳就到处响的人是当不了管理者的!管理者要经得起考验、经得起质疑、经得起嘲讽,也经得起批评。
>
> 第三是烈度,管理者需要自己有决断力,该拍板时就要拍板,管理者不是来企业当老好人的,不要怕得罪人,哪些关系到业务、组织,关系到人才,关系到文化的决定如果不正确,管理者需要有勇气站出来,敢于做决定,也敢于制止和否定。管理者是一个企业使命愿景的坚守者,是文化的捍卫者,其义不容辞的岗位职责就是要传递这个组织要什么、不要什么,所以要有烈度。

评估心力是否充足,可对着以下七个问题做自我判断:

> (1)我为什么在这里?
>
> (2)我是否相信管理会为组织带来重要的变化?
>
> (3)我是否经常觉得自己做的事情很琐碎、没有价值,因此而感到迷茫?
>
> (4)我是否敢于坚持正确的决定?
>
> (5)什么会让我放弃?
>
> (6)现在所做的事情和我的梦想有什么关系?
>
> (7)我所在的业务/团队,因为我发生了什么改变?我想帮助谁?我帮到他们了吗?

其次，脑力。左手懂业务，右手懂管理，也有以下三个维度。

> 第一，经纬度。即系统思考的能力，思考是否有框架，分析是否有逻辑，做事是否有套路，推动是否有方法，都是经纬度。
>
> 第二，严谨度。很多管理者是靠专业吃饭的，对专业领域里的核心项目大体都要了解，一些模块上要精通，所谓术业有专攻，专业度是为客户提供解决方案的立身之本。
>
> 第三，方向感。管理者需要坚定地明白组织要向哪里去，知道如何让组织更敏捷、更灵活，让组织在前进中守住方向感。

脑力也可以用以下七个问题来做判断。

> （1）我所负责的业务，最有价值的地方是什么？
> （2）如果要成为领域中最棒的组织，我需要做哪些事？
> （3）我最希望团队成员改变的地方是什么？
> （4）如果给我机会改变组织的三件事，我会选择哪三件？这三件事又会如何排序？
> （5）什么是我觉得对组织有意义但是我目前无法完成的？
> （6）哪些专业领域是我的盲区？
> （7）过去一年，我是否推翻过自己的判断，推翻的是什么？

最后，体力。体力简单来说就是充沛的体能+思辨的执行力。

> 第一，体力要有力度。管理者做的事情要有回声、有影响，不要像拳头打在棉花上，不痛不痒，做了跟没做一样，要重锤擂鼓，打出声响，打出力度。

> 第二，要有柔韧度。如果盲目地追求力度，一而再，再而三，三而竭，有些场景要大火猛攻，有些场景需要文火慢煮，所以要有思辨的执行力。
>
> 第三，要根据组织的需要、业务的需要去设计项目和管理动作。是根据用户的需求来提升精准度，而不是根据岗位职责。
>
> 第四，要有持久度。做管理不是搞运动，今天轰轰烈烈搞完便结束了，而是要持续复盘和思考，不断完善，持久地做下去。

如果你要成为一个卓越的管理者。注意，是卓越的，如果只是胜任这个岗位的不在此列，如果想要卓越，加班是肯定的，所以卓越的前提是要有好的身体。

下面第一道题，你是否习惯性的熬夜，定义是每周三次以上 0 点以后入睡都算习惯性熬夜，之前有过一个"北上广"女性熬夜报告，数据非常可怕，尤其是"90 后""95 后"手机一玩就是一整晚，每天 2:00~3:00 入睡的大有人在，所以报告的结论说，这群上班族们，他们喝着最烈的酒、熬着最长的夜、吃着最贵的护肝片，如果你也有这种情况的话，建议稍微调整一下，把晚睡改为早起，一个人脑细胞最活跃的时间是在 6:00~8:00，一定要用好这段时间。

同时要养成持续运动的习惯，运动不一定要去健身房，不一定要跑步机、椭圆仪这种器械运动，瑜伽、散步、跳舞甚至运动型项目的游戏机都算。

所有这一切，都是保证在生理上有好的体能，才能有充沛的精力去应对组织中繁重的事务。

以下八道题，可以看看你的体力是否充足。

> (1) 我是否习惯性熬夜（每周三次以上 0 点以后入睡）？
> (2) 我平时有持续运动的习惯吗？

> （3）面对高负荷的工作,我能否保持精力充沛?
> （4）在执行中我是否带着自己的想法和判断,是否会做适时调整?
> （5）什么因素会激发我马上采取行动?
> （6）我是否有未完成的工作? 不去做的原因是什么?
> （7）我做的事情有多少真正帮助到业务落地?
> （8）我是否有持续复盘的习惯和正确的方法?

所以在阿里做人才管理,对管理者最大的能力要求就是要三力合一。

1.4 视人为人:关于阿里人才管理体系的五个底层逻辑

组织和人才管理是应付外界环境变化的产物,将外界压力转化为组织内部的应变力及解决问题的能力,以改善组织效能。在人力资源方面,它能通过参与、增加成员的激励水平,提高士气和满意度。

阿里业务快速成长的经历,可以让每一个置身其中的人都能感受到组织和人才发展之于一家企业成长的力量,而关于阿里的人才管理,存在以下五条底层的基本理论假设。

（1）组织,是人的组织。

人是组织的载体,抛开人去单独谈论组织是没有意义的,组织中所有人的智慧,形成了组织的智慧;所有人的行动,形成了组织的行动;所有人的关系,形成了组织的架构和关系。组织看重的是整体的系统关系,而人才管理研究的就是如何把人链接成一个整体。

（2）人才管理不应只是HR界的热门词,更应是企业管理者修炼的出发点和切入点。

人才管理在很多企业隶属于人力资源部门,但实际操作的抓手一定是管理者，因为管理者才是实实在在和企业中的员工接触的人，这才是人才管理的本源，人才发展讲究赋能个体、激活组织，所以人才管理最直接的载体应该是业务管理者，那么HR发挥什么角色？设计师+专家顾问+引导师！

（3）人才管理不应只停留在冰冷的定岗定编和架构设计，而是应该有温度的洞察和能量场的激发。

阿里HR的四大角色定位中，曾经有一个叫"组织机制的架构师"。2019年，阿里HR年会上集团CHO直言：组织架构究竟有多少是我们设计的呢，定位HR是组织的赋能者反倒更为合适。

阿里的人才管理除了提升组织能力，还会花很多的时间在洞察业务困局、激发组织能量上，人生盾牌、心灵过山车、裸心会、"三板斧"都是阿里人才管理打造组织能量的实践之所在。

（4）人才管理不应只是一套方法论，更应是、也必须是帮组织拿到业务结果的管理工具。

很多公司人才管理的从业者太容易陷入"技术咖"的误区，过于看重人才管理各种模型工具的数量，过于拘泥于组织行为学和系统论的偏执，甚至陷入一种"非我族类"的莫名鄙视链。

人才管理一方面需要站在高管的角度考虑组织和人才的问题，但同时也应该从业务落地的角度来看待。梯队人才建设、组织变革、人才地图、人才画像，如果这些词连组织中的专业人士都讲不清楚是什么意思，业务管理者如何搞得懂？不以让所有人都听懂为目的的人才管理都是错误的。

企业中的人才管理，应该有一个基本的能力，这个能力不是梯队建设、不是人才设计，更不是人才调频，它是一种返璞归真、脚踏实地的能力，这种能力叫作：说人话、能落地。人才管理应该是接地气的，说业务能听懂的语言，用业务能学会的工具，帮业务实现客户价值，一起拿到业务结果。

(5)人才管理的最终核心还是要回归人——选好人、用好人、培养人、激励人。

人是有感情的群居动物,除非迫不得已,没人想成为孤独的个体,员工借助组织让自己得以安全,让希望得以安放,所以,人才管理最终还是要回归组织中的人,选育用留,永远是人才管理者赖以坚守的战场,选好人、用好人、培养人、激励人,视人为人而非工具,那才是人才管理最美的样子,如图1-5所示。

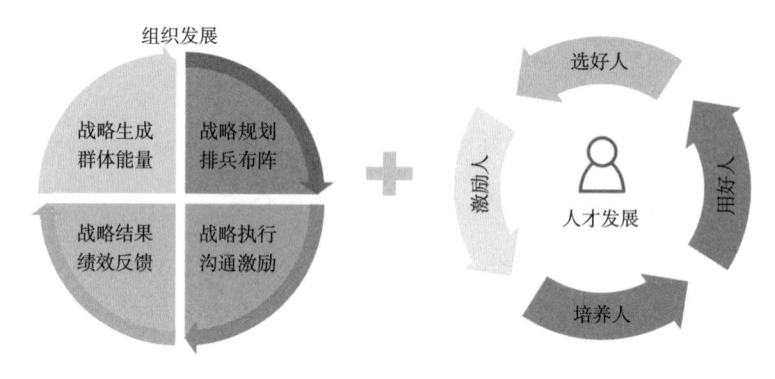

图1-5 人才管理体系的核心

本章知识点精华

(1)商业环境的变化带来了组织形态的变化,最终推动了人才管理理念的改变。

(2)阿里人才管理的本质是要围绕业务和组织,形成完整的闭环理论,其核心是一颗心、一张图、一场仗。

(3)阿里做人才管理,对管理者最大的能力要求是三力合一,即心力、体力和脑力。

(4)人才管理的最终核心还是要回归人,选好人、用好人、培养人、激励人,视人为人。

第2章　贴近战略：人才管理的出发点是推动战略落地

2.1　不懂业务，人才管理体系一定会掉的四个坑

很多公司的人才管理体系是由专业的人力资源从业者设计并搭建的，有些由人力资源总监(HRD)或者CHO直接操刀，有些放手给负责人才发展的同事设计，从事情的推动者和归属人来说本身并无问题，但是，HR常常会出现的一个问题就是缺乏业务视角，仅仅考虑"人"这个单点上的问题，说得更直接一点，即不懂业务。

基于此，一个不懂业务的HR设计出来的人才管理体系通常会出现四个

坑,如图 2-1 所示。

第一个坑:没有需求,只有项目。

人才管理体系是从懂业务开始的,懂业务的本质是懂业务需求,即知道业务真正要的是什么。找准了需求,才能发现需求背后缺少什么、问题是什么,从而对症下药。不理解业务的本质,只会按照人力资源的传统职能提出标准化的解决方案,比如说人员的能力不足,培训模块会给员工做培训,意愿不够,薪酬绩效模块会给员工调整激励的方式或者改绩效考核的方式,如果这些措施都不好用,招聘模块的同事就会重新做招聘。

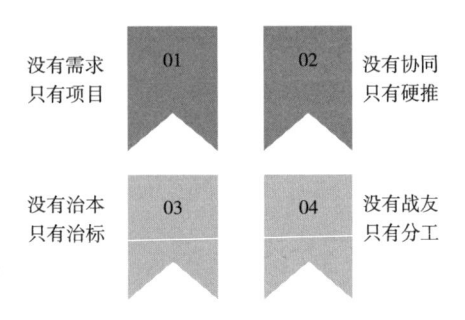

图 2-1　不懂业务推动人才管理常犯的四个坑

（01 没有需求 只有项目　02 没有协同 只有硬推　03 没有治本 只有治标　04 没有战友 只有分工）

这些动作看似合乎情理,每家公司都在做,但为什么大多数业务部门都在大喊:我们的组织跟不上业务的发展?究其根本就在于,这些都是基于传统的人力资源六大模块的项目设计,是典型的"头疼医头、脚痛医脚",做了所有 HR 能做的项目,其实并没有解决企业的根本问题。

第二个坑:没有协同,只有硬推。

因为没有针对需求,所以人才管理的很多项目在实际推动过程中就变成了为了推而推,为了管理而管理,人才管理是为了促进业务的达成,而如果一个项目,业务部门仅仅是执行者,没有参与到整体规划的部分,就会出现人力资源与业务的断层。HR 抱怨项目落地难、推动难,业务部门抱怨浪费了做业务的时间,没什么效果,甚至一些项目后续就干脆不了了之。

比如说,很多公司都有胜任力模型构建的项目,确定精准的岗位标准是后续人才管理的基础,本身是一个任重而道远的工作,可是不少公司发起时费时费力,做完后便成了一张纸,束之高阁。

再比如,一些公司开展绩效改革项目,绩效考核表重新修订完成后,很多部门还是不会按照比例打分,说好的20%优秀,有话语权的业务部门想多争取几个优秀,便可以直接找总经理或者领导,随意更改,然后通知HR一声,这种情况很多公司都会存在,问题背后产生的原因有很多,其中一个就是我们在设计这些项目的时候,很多HR是完全按照自己的小闭环在做,人力资源主导,业务部门参与,"被迫营业"的业务部门表面全盘接受,内心却并不一定认可,如果业务部门不愿与HR合作,强势的HR就会硬推,然后招来投诉,而弱势的HR便只能不了了之。

第三个坑:没有治本,只有治标。

企业里面的很多组织问题是连环的反应,比如梯队人员建设,它不是一个简单选人的问题,需要评鉴中心模块建立胜任力模型,人才发展模块做人才盘点,培训模块设计人才培养项目,薪酬激励模块做保留。所以做好人才管理的前提,要明白什么是从根本上解决问题的方法,如果人才管理的很多工作只是为了做而做,是不会从根本上解决组织问题的,所以企业要做人才管理,不仅要做,还要做对、做好。

第四个坑:没有战友,只有分工。

人力资源部门、销售部门、业务部门,这些部门的名称本身是基于岗位职责的分工,是为了让组织实现协同而促进组织效率最大化的。但标准化职业分工带来的另一个问题就是部门墙。比如,很多企业里面员工没事绝对不去找HR,觉得他们就是一个管理部门,现任人力资源管理的课程都在告诉HR千万不要成为这样的人,HR要和业务搭档成为战友,要和员工打成一片,要成为一个让别人喜欢的HR,可是如果HR不了解业务、不了解伙伴、不了解员工,别人只会把你当HR,不会跟你说真话。其实对于业务部门也是一样,如果张嘴只看数字、只看业务,眼中口中都没有你的员工,别人会觉得你是个"冰冷的机器"。所以人才管理需要所有部门从合力的角度去推动,彼此是战友,而不是只有分工。

2.2 一张图绘制出战略生成到人才管理的闭环

人才管理的动作要从支撑战略落地,那么从战略到组织的生成路径是什么样的呢?该路径一共分为四步,而这四步就形成一个完整的战略生成到人才管理的闭环图,如图 2-2 所示。

业务战略(核心目标)
√使命愿景价值观
√公司的战略
√公司当年的业务目标
√公司当年的管理目标

业务策略(落地方式)
√增长战略:新产品?新市场?新客户?
√生产力战略:改善成本结构?提升资产的利用率?
√客户的选择、维护、管理
√流程管理的改变

组织战略(核心挑战)
√组织的能力如何
√组织的结构如何
√组织的文化如何
√组织的治理模式如何

组织策略(解决方式)
√选育用留的具体计划

图 2-2 从战略生成到人才管理

第一步,确定业务战略。一家公司的成立,首先要确定使命愿景价值观,即战略的"上三板斧",这部分内容我们在 2.3 节会重点展开来讲。基于战略"上三板斧"的设计,就会推演出实现愿景的最佳路径是什么,即所谓的战略。继而向下分解就会有公司 3~5 年的目标,再分解为公司当年的目标,这个目标又要拆解为业务目标和管理目标。业务目标,所有的公司都会有,包括营业额、利润、市场占有率、产能等,但管理目标常常会被公司忽略,常见的管理目标包括打造学习型的团队、关键人才的留存率、人效提升、建立狼性文化等。

第二步,确定业务策略。业务策略即用什么方式落地业务目标和管理目标。在分析思路上,可以先从财务维度入手。比如当年我们是选择增长战略还是生产力战略,即重点是要开源还是要节流。如果是开源,开源要怎么做,是开发新产品吗?还是产品不变,但开发新市场呢?以前是农村包围城市,主打二三线市场,当年是否要到"北上广深"试试水?另外,当年是重点做拉新还是提高现有客户的复购率?都是可以讨论的地方。在节流方面,是改善成本结构还是提高资产的利用率。如果是改善成本结构,可以做的事情包括人员优化、资源节约、创新改善。如果是提高资产利用率,可以做的事情包括提升金融资产利用率和提升实物资产利用率。

再次,业务策略可以从客户层面做思考,锚定我们客户的类型,通常分产品领先型、成本领先型、客户亲密型。产品领先型客户追求最佳产品,成本领先型客户追求最佳整体成本,确定了客户的类型,然后去做好客户的选择、维护、管理等。

最后,考虑在运营流程上可以做哪些优化。通常包括四类流程,即运营管理流程、客户管理流程、创新流程、法律法规流程,流程的变化也会带来相应的管控模式的变化。

第三步,确定组织战略。当确定了业务策略后,就会延展出组织的战略,组织战略主要考虑以下问题:这些业务上的要求需要什么样的组织能力来支撑。所谓组织是人的组织,那么在落地的时候,就要确定承接业务的关键人才是谁,他们的数量够不够,质量好不好;另外需要什么样的组织架构来承接组织的战略,直线职能型、矩阵型,还是事业部型?最后是底层的文化和治理模式层面,怎样的组织文化能够反哺组织策略的达成,同时总部和地方、集团和分公司的治理模式又该如何支撑。

第四步,确定组织策略。当以上这些都想清楚之后,就会落地到具体的选育用留的项目和动作。所以人才管理在形式上所做的各种项目规划和动作,不是 HR 在办公室拍脑袋想出来的,而是业务部门和人力资源部门在协同共创中,基于业务的视角、战略落地的视角按照四步推演出来的,这样的人才管理动作的设计才是接地气的,才是真正能够促进业务发展的,也才能帮助业务拿到结果的。

2.3 战略生成:战略的"上三板斧"

战略是从哪里开始的?战略的"上三板斧",即使命、愿景、价值观,这三个词熟悉又陌生。熟悉是因为几乎每家企业都有"上三板斧",这是每家公司的文化墙上必备的条目。陌生则是因为能让员工真正记住使命、愿景、价值观的公司少之又少,如果在一个培训课堂上做一个实验:请不要翻手机里的PPT,按照你脑海中的记忆,写出你们公司的使命、愿景、价值观。此时,你看到的无非是这几种现象,要么使命、愿景错位;要么三个人写的使命各不相同;要么价值观只记得住其中几条;要么一片空白,学员现场开始讨论共创公司价值观,为什么会如此混乱?其主要原因便是要求员工记住使命、愿景、价值观的公司很少,同时能让员工真正理解的则更是少之又少。且不说员工是否真正理解,管理者自己理解清楚的也没有几人。那么,这三个所谓的战略的"上三板斧"又该如何解释呢?

这个故事想告诉大家,做一家企业,需要理解企业的本质,即它的运作模式是什么。任何一家企业的本质一定是从业务到组织,首先在业务上,需要实现三种价值:即客户价值、商业价值和组织价值,这些价值是如何获取的呢,就需要去服务好三个核心人群——即客户、股东、员工,所以在企业初创阶段,需要确定业务形态是什么,即我们这家公司能做什么,在什么赛道上做,怎么做,解决哪些问题,然后确定这些价值由谁来创造,这些事情谁来做,对组织、对人的要求是什么,继而开始从战略设计转化为组织设计,也包括组织能力、组织机制和组织意愿,而在这个过程中,整个运作模式底端的基石是文化,在顶端做永恒牵引的就是使命、愿景和价值观。

使命是什么？使命说明了一家企业存在的原因，是指引企业行动的基本目标，指导企业的行动价值，使命回答了"我们为什么而存在"。

关于使命，我们举两个例子。

第一个例子是迪士尼，迪士尼这家公司是做什么的？是拍电影的吗？是做游乐场的吗？是创造各种公主、童话的吗？统统都不是，迪士尼说，他们是为世界带来欢乐的。

这就是迪士尼的使命，也是他们定义自己的方式，定义自己的方式就决定了业务模式和赛道选择。如果迪士尼定义自己是一家电影公司，那么电视台就是它的竞争对手，受到利润的驱动，一定是想办法和电视台争抢观众的消费时间。可是，迪士尼定义自己是制造快乐的，所以电视台就变成了它的渠道和途径，帮助迪士尼传递快乐的渠道和途径，这也是在电视台你会看到米老鼠和唐老鸭系列卡通片的原因。

使命定义了一家公司的边界。迪士尼制造的快乐是什么样的快乐呢？family and friendly，翻译成中文叫作合家欢，所以，迪士尼的快乐是那种可以和家人在一起享用的快乐，这就在人类的永恒需求上找到了一个切入口，也找到了自己公司的底线，你不会在迪士尼的电影中看到违背伦理道德的画面，也不会看到过于血腥的图案，因为这不符合"合家欢型的快乐"。

同样的道理，再来看第二个例子。阿里的使命是什么？"让天下没有难做的生意"，这就定义了凡是能让天下生意好做的动作阿里都会去做。1999年阿里起家的第一个业务是企业对企业（business to business，简称B2B），做中小企业外贸的Alibaba国际站，负责将中国中小企业的货品卖到国外，天下的生意不是只有国外的，也有国内的，所以后来就有了做内贸的1688网站，生意不是只有B端的，还有C端的，就有了后来的淘宝和天猫，而做生意需要什么呢，需要支付，所以便有了支付宝，需要物流，所以便有了菜鸟，需要营销，所以便有了阿里妈妈，需要数据科技，所以便有了阿里云。

所以，使命是"我为什么而存在"，是一家公司定义自己的方式，它定义了公司的选择、意义和边界。选择，让我们得以专注；意义，让我们乐此不疲；边界，让我们得以喘息。

愿景是什么？愿景描述了公司未来的发展方向，描述了公司未来3~10年甚至更长的样子，它回答了"我们要到哪里去"。

来看三个例子。第一个，家居行业的罗兰家纺，它们要到哪里去呢？成为美好家居生活的全球领导者；第二个，万科，它们要到哪里去呢？成为中国房地产行业的持续领跑者；第三个，IBM，它们要点亮智慧地球。

使命和愿景有什么区别？使命是利他的，是带给世界的价值，愿景是利己的，是我想到哪里去。

价值观是什么？为实现使命而提炼出来并予以指导公司员工共同行为的永恒准则。

价值观回答了"什么对我们重要"。

IBM的价值观是成就客户、创新为要、诚信负责。

宝洁一直被称为快消行业的"黄埔军校"，宝洁的管培生体系在十年前就被大量的学习和模仿，因为它们从校招开始就很注重去选拔有管理潜能的学生加入宝洁，并通过一系列轮岗和培养机制让管培生快速成长，为什么会这样呢？看看宝洁价值观的第一条就知道了：领导才能。

正确的理解价值观，需要明确一个问题：价值观的作用到底是什么？

在很多公司，价值观是用来规范员工行为的，甚至有一些公司的价值观是用来考核的，或者用来给员工贴标签的，符合价值观的就是优秀员工，给发奖金，不符合价值观的就不是好员工，少发钱甚至还要扣钱。

真正的价值观的作用到底是什么？是用来寻找同路人的。价值观本身并没有好坏，更不是去给员工贴标签的，不是说符合的就是优秀的人才，比如你们公司的价值观是艰苦奋斗，有的员工说为什么要艰苦，为什么要奋斗,我就喜欢及时行乐行不行。当然可以,不能说这样的员工是不求上进的庸才,只能说它跟企业的价值观不符合,不是同路人。

就像西蒙·斯尼克说过的:团队的目标不是雇佣那些需要一份工作的人,而是雇佣那些和你有共同信念的人。价值观就是我们的共同信念,所以价值观在人才管理体系中的应用就是招聘,招聘的问题里面一定要问价值观,因为它是用来寻找同路人的。图 2-3 所示为阿里巴巴最新版使命、愿景、价值观,我们用阿里的案例把战略的"上三板斧"来串联一下。

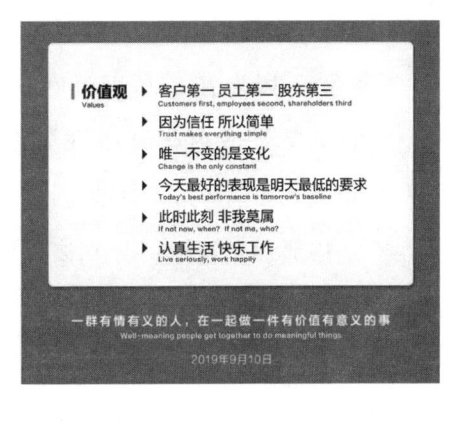

图 2-3 阿里最新版使命、愿景、价值观

使命是我们公司为什么而存在,是利他的,阿里为什么而存在呢,是为了让天下没有难做的生意。

愿景是我们要到哪里去,是利己的,阿里未来要到哪里去?要成为什么样子?

第一个愿景,活 102 年:我们不追求大,不追求强,我们追求成为一家活 102 年的好公司。

几年前,阿里投入了 6.88 亿元用于海内外医疗物资的采购,开通菜鸟绿色通道让流通更便捷,坚持盒马不打烊保证各地的蔬果供应,那是因为当公司的规模上万之后,就不再是一家单纯的公司,会成为一个生态、一个经济体、一个社会化企业,企业家不能再单纯去追求成为大公司,更要追求成为一家好公司,因为大公司是规模、是营收、是利润,而好公司是责任、是担当、是善良。

第二个愿景,到2036年,服务20亿消费者,创造1亿就业机会,帮助1000万家中小企业盈利。

企业的愿景可以改变吗?当然可以,愿景是未来5~10年要做的事,如果提前实现了,那就需要及时调整。

阿里的价值观有六条,称为六脉神剑。阿里在成立20年的时候颁布了新版本,所以称为新六脉,新六脉是阿里的六句话,包括客户第一、员工第二、股东第三;因为信任、所以简单;唯一不变的是变化;今天最好的表现是明天最低的要求;此时此刻、非我莫属;认真生活、快乐工作。

价值观是寻找同路人,所以阿里在构建整个人才管理体系的时候,在招聘、盘点、内部晋升等各个环节,去寻找那些具有阿里味的员工,这里的每一条价值观会有一个诠释和四条行为表现,这些内容将在2.4节再做更详细的解释。

战略的"上三板斧":使命、愿景、价值观,就是一家企业的起点。

2.4 战略执行:阿里的绩效体系如何实现业绩和价值观双轮驱动

问题1:阿里的员工绩效面谈是主管和HR一起去跟员工谈,请问有什么制度去支撑吗?公司业务真的太忙了,主管不愿意抽时间去谈,或者觉得平时请员工吃饭喝酒时谈效果更好,阿里是以收到主管的绩效面谈反馈记录表为准,还是HR一定要监督主管,与主管一起与员工面谈为准呢?当主管不能及时参与员工绩效反馈面谈时,公司的惩罚措施是什么?

问题2:财务、行政和HR的工作很难定量考核,阿里如何在业绩部分对上述人员公平合理地进行考核?上述人员也能严格地按照3∶6∶1的比例进行绩效结果的强制比例分布吗?

问题3:技术研发团队的员工都非常有个性,同时他们的很多工作都不能定量考核,所以这类同事强烈反对3:6:1的绩效结果强制比例分布,对HR的绩效工作很抵触,相应的绩效培训都开展过,但见效甚微,请问是否有好的建议来缓解呢?

在你的公司,是否也有同样的疑惑呢?针对这些问题,阿里都有明确的回答,而解决问题的根本,要从认知绩效的本质说起,如图2-4所示。

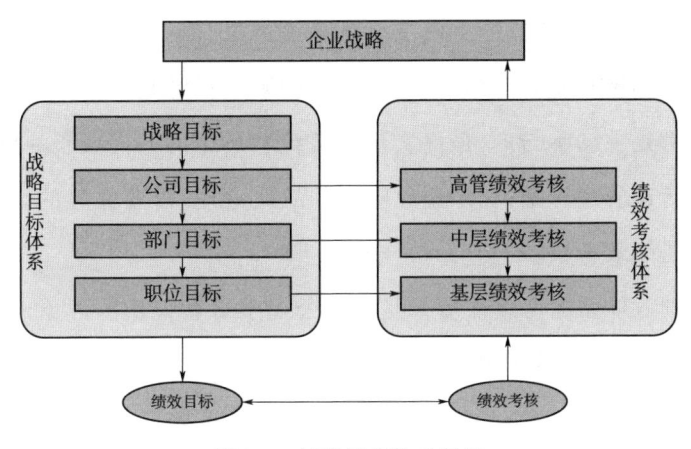

图 2-4 绩效管理体系框架

提到绩效,通常会想到什么词?绩效奖金、绩效工资还是绩效考核?很多公司常常会把绩效跟发奖金、扣工资、考员工、评结果、定指标、做方案联系到一起,这些是绩效吗?绩效不等于绩效考核,不等于绩效管理,那么绩效到底是什么?

管理学说,绩效是组织期望的结果;经济学说,绩效是员工对组织的承诺;社会学说,绩效是员工创造的价值。这些都是绩效的定义,这三个定义背后也对应着绩效的三个原则,关联一致性原则、对等承诺原则和价值导向原则。

在阿里的人才管理体系中,绩效是很重要的一个落地抓手,是典型的

"实事虚做"的手段。只是在很多公司,经常提绩效考核,但在阿里,无论是管理者还是HR,都要提绩效管理。

绩效考核不等于绩效管理,它们一共有以下几个关键点的不同。一方面,绩效考核是对某一个时间段或时间点的考核,评估的是过去的表现、是事后的评估,是员工已经做完了,只能评判好或者不好;而绩效管理是对整个过程的监控与管理,它是贯穿在事前、事中、事后的,从绩效目标设计就介入,着眼的是未来。

另一方面,绩效考核的手段主要是考核员工,他们是被动接受的,考核的目的是薪酬调整或者奖励等,而绩效管理则包括计划、辅导、考核、反馈,员工全程都是主动参与的,最终实现了组织和员工的共同成长。所以阿里给管理者传递的理念是,如果想让阿里的战略落地,需要完整的绩效管理,而不仅仅是绩效考核。

阿里绩效体系的完整性历来是诸多公司学习和模仿的对象,下面来深度解析一下阿里绩效管理体系的整体框架。

绩效目标从哪里来?答案只有一条:公司的战略!使命、愿景、价值观的梳理是战略的前置条件,而战略是从今天的位置到战略的最佳路径,这些都是阿里的高管和合伙人们聚焦和关注的,所谓看十年、做三年,即为战略的规划。

有了明确的战略,阿里事业部和业务单元的管理者会从财务层面、客户层面、运营层面和学习成长层面对战略进行具体分解,分解完之后就会形成公司目标、部门目标和岗位目标,对应的就是高管、中层和基层员工的绩效考核,一个完整的绩效考核体系如图2-5所示,这张图是企业的绩效管理循环图。它具体由四部分组成:绩效目标制定、绩效过程辅导、绩效结果考核、绩效结果应用。类似于PDCA(计划—实行—检查—总结工作循环)这样的工作循环。

绩效目标
制订公司战略目标
· 纵向分解、横向协同
· 反复沟通、达成共识

绩效辅导
持续开展沟通辅导
· 协调资源、解决问题
· 过程追踪、提升管理

绩效应用
有效应用绩效激励
· 奖金分红、薪酬调整
· 绩效改善、晋升发展

绩效考核
开展绩效评估
· 组织绩效、个人绩效
· 客观公正、绩效面谈

图 2-5　绩效管理体系循环图

第一步,绩效目标。这个目标是从公司目标出发,纵向分解为部门、个人目标,横向实现各个相关部门的联动和协同,目标不是随意确定的,而是需要反复推敲、达成共识。

第二步,绩效辅导。绩效不是定完就不管了,而是需要有跟进、有关注、有教练、有辅导,这样才能做好过程和结果的管理。

第三步,绩效考核。这里的考核可能是月度的、季度的、年度的,不仅要有打分,还要有绩效面谈,让员工理解和认同自己的考核结果。

第四步,绩效应用。绩效是用好人的管理工具之一,因此就会实施各种绩效惩罚或者激励的手段。

下面来看阿里具体是如何做的。

【第一步:绩效目标】

在阿里,绩效目标的制订,不同层级的管理者有不同的定位和职责。

> 高层:明确四件事,使命、愿景、价值观战略。
>
> 中层:目标分解到各个事业群(BG)、业务线(BU)、分中心、团队,做战略地图分解,确定策略和打法。
>
> 基层:确定关键"战役",确认每个员工的 KPI。

展开来说，如果员工的个人目标是要支撑组织战略落地的，那一定是从上而下分解的过程，这个目标的源头是使命、愿景、价值观，然后阿里各个BG的总裁会召开核心的领导会议，内部称为战略共创会，通过在财务维度、客户维度、流程维度和学习与成长维度进行分解，比如BG今年的目标是提升客户满意度，那这个目标是由哪些部门来承接呢？可以列一个表格，横轴是具体到销售部、运营部、客服部、市场部、财务部、人力资源部等，这个目标由谁实现的，就在部门名称下面打勾，不领受此任务的就打叉，每个目标都是这样，就形成了一个部门的核心绩效目标，再加上这个部门本身的职责要求和当年的管理问题，三部分就形成了部门绩效目标的来源，后面细化为绩效衡量标准和行动方案。

有了部门的绩效目标，再往下分解就有了个人的目标，这个目标包括个人关键项目目标和结果性目标。如果是阿里云这种技术部门，关键结果相对难量化怎么办呢？给出项目里程碑式节点；当然，如果你是管理人员，除了业务目标外，还有很关键的管理目标，管理的团队当年要做什么以及做到什么程度，都是领导的管理目标。

从一个完整的绩效目标到绩效考核表上的KPI，总共需要四个步骤：

第一步，确定绩效目标，目标有三个来源，一是承接上一层的要求；二是部门或者岗位的职责要求；三是管理者当下最需要解决的业务或者管理问题。即所谓的灵魂三问：领导让我做什么？我的岗位职责是什么？我自己想做什么？

第二步，开发评估指标，从目标到指标，是聚焦化的过程。这个指标就会包括数量指标、质量指标、成本指标、时间指标等，比如阿里"政委"也就是人力资源业务合作伙伴（HRBP）的绩效目标是为公司吸引更多的优秀人才，转换为绩效指标即为招聘达成率。

第三步，设定一个目标值，目标值可以是定量的，也可以是定性的。比如实现95%招聘达成率就是一个目标值，注意这里的目标值若太高，则无法完成,那就没有牵引的意义了。但也不能太低,很容易达成的目标对于组织来说是资源浪费,所以要制订那些需要一番努力才能达成的目标,阿里的绩效原则就叫今天最好的表现是明天最低的要求。

第四步,指标的权重、计算公式、得分说明或者数据考核口径的来源。

绩效目标的制定一定要遵循一个原则,这就是大名鼎鼎的 SMART 原则,即 specific:具体的;measurable:可评估的;attainable:可达成的;relevant:与工作相连的;time bound:有时限的。

一个目标制订出来了,按照 SMART 原则去衡量一下,如果都符合,那就是一个好的目标。

【第二步:绩效辅导】

制订了目标,管理者就要去推进,在绩效目标实现的过程中,员工万一做不到或者做不好怎么办,是等结果出来的时候对其进行惩罚吗？如果事后进行干预未免就太晚了,那么,如何进行修正呢？这就到了阿里绩效管理里面最精华的部分:管理者的绩效辅导和跟进。

绩效管理是阿里管理者培养体系的一个核心课程,重点就是解决什么时候去做绩效辅导和怎么做辅导的问题。

第一,什么时候做辅导呢？核心在三个时刻。

架构变化一定做:组织架构变化、团队发生变化或者目标发生变化的时候。

遇到挑战及时做:员工在目标完成上如果遇到困难,就需要管理者介入辅导,或者确认是否需要资源支持。

平常时候持续做:管理者和 HRBP 要持续关注员工的绩效产出,负面和正面的都需要。

也许有的管理者会说,为什么绩效辅导要这么频繁呢,有必要吗？一开始,阿里的管理者也有这样的疑问,这就涉及对管理者在认知绩效作用上的培训。做绩效辅导的原因其实很简单,管理学上将员工分为三类:自驱力很强不用推自己会动的"自燃人",推一推会动一动的"可燃人",怎么推都不动的"阻燃人"。一个企业不能指望所有的员工天生都是自燃性的人格,如果企业希望员工在每个时间节点都能够按照要求输出绩效结果的话,绩效辅导就要持续贯彻其中,用阿里的话就叫:绩效好不好,关键在辅导。

第二,绩效辅导都辅导什么呢?能力吗?答案不仅仅是能力,绩效辅导需要关注三个层面、四个问题:即在客户满意、员工满意、组织满意三个层面展开的,围绕士气、目标、能力、培训四个方面进行辅导。

第三,绩效辅导的流程是四步法:发现问题—分析原因—教练辅导—持续跟进。这个过程的核心是管理者要做好教练辅导的动作,用什么方法呢?阿里经典的16字辅导方针:我做你看,我说你听,你做我看,你说我听。

这16个字不仅非常接地气,且非常好用,同时注意顺序不能错,是我做你看在前,不是我说你听在前。它背后的原理是什么呢?我做你看是发挥管理者的示范作用,证明我说的是对的,我说你听,是在帮你梳理一遍理论,你做我看是通过实施确定你学没学会,你说我听是检验你理论记住了没有,所以这16个字的逻辑是完全符合成年人学习曲线的方法。

阿里的人才管理非常重视员工的辅导,无论是专门的课程,还是日常绩效中的辅导,都体现了其人才管理的一个特点:阿里不仅关注绩效的目标是否达成,更关注达成的过程,关注那些绩效数字背后的故事,是否体现了客户价值,所以阿里是一家既关注结果也关注过程的公司,结果要好过程也要好。

【第三步:绩效考核】

绩效管理闭环的第三步是绩效考核,通常来说绩效考核一般会考核三部分的内容:绩效、态度和能力,绩效包括任务绩效、管理绩效和周边绩效,态度包括积极性、协作性、责任心等,能力包括专业知识和管理能力。所有的企业都可以在这个框架中去选择关心的维度来考核,一个考核的原则是,年初制订了什么目标,年底就该考核什么目标。所以针对不同公司的需要,具体的考核维度有所侧重;针对不同层次的员工,考核维度也有所不同。

阿里的绩效考核叫双轨制,既考核业绩,又考核价值观,两者各占50%的比重。业绩按照KPI打分,一共分为五档,3、3.25、3.5、3.75、4.5,每个团队内部按照361去作一个正态分布,30%是最优秀的,60%是胜任的,10%是需要改进的,KPI考核的是做事的结果,那价值观考核的是什么呢?价值观考核的是做事的过程。

阿里历来有考核价值观的传统,从当年的独孤九剑到后来的六脉神剑,价值观的考核体现了一家企业的信仰,本身也是阿里企业文化的一部分。2019年9月10日,在阿里20周年的年会上,伴随着业务的升级,阿里也升级了自己的价值观体系,即阿里的新六脉神剑,如图2-6所示。

	客户第一,员工第二,股东第三	因为信任,所以简单	唯一不变的是变化
诠释	这就是我们的选择,是我们的优先级。只有持续为客户创造价值,员工才能成长,股东才能获得长远收益	世界上最宝贵的是信任,最脆弱的也是信任。阿里巴巴成长的历史是建立信任,珍惜信任的历史。你复杂,世界便复杂;你简单,世界也简单。阿里人真实不装,互相信任,没那么多顾虑猜忌,问题就简单了,事情也因此高效	无论你变不变化,世界在变,客户在变,竞争环境在变。我们要心怀敬畏和谦卑,避免"看不见,看不起,看不懂,追不上"。改变自己,创造变化,都是最好的变化。拥抱变化是我们最独特的DNA
行为描述	心怀感恩,尊重客户,保持谦和。面对客户,即便不是自己的责任,也不推诿。把客户价值当做我们最重要的KPI。洞察客户需求,探索创新机会	诚实正直,言行一致,真实不装。不唯上欺下,不抢功甩锅,不能只报喜不报忧。善于倾听,尊重不同意见,决策前充分表达,决策后坚决执行。敢于把自己的后背交给伙伴,也能赢得伙伴的信任	面对变化不抱怨,充分沟通,全力配合。对变化产生的困难和挫折,能自我调整,并正面影响和带动同事。在工作中有前瞻意识,建立新方法、新思路。创造变化,带来突破性的结果

图2-6 阿里新六脉神剑

	今天最好的表现是明天最低的要求	此时此刻,非我莫属	认真生活,快乐工作
诠释	在阿里最困难的时候,正是这样的精神,帮助我们渡过难关,活了下来。 逆境时,我们懂得自我激励;顺境时,我们敢于设定梦想。 面向未来,不进则退,我们仍要敢想敢拼,自我挑战,自我超越	这是阿里第一个招聘广告,也是阿里第一句土话,是阿里人对使命的相信和"舍我其谁"的担当	工作只是一阵子,生活才是一辈子。 工作属于你,而你属于生活,属于家人。 像享受生活一样快乐工作,像对待工作一样认真地生活。 只有真正热爱自己的工作,才能成为最好的自己。 只有认真对待生活,生活才会公平地对待你。 阿里因你而不同,家人因你而骄傲
行为描述	认真踏实,完成本职工作。 保持好奇,持续学习,学以致用。 不为失败找借口,只为成功找方法,全力以赴拿结果。 不满足现状,不自我设限,打破"不可能"的边界	独立思考,独立判断,不随波逐流。 工作中敢于做取舍,敢于担责任。 打破边界,主动补位,坚持做正确的事情。 在需要的时候,不计较个人得失,挺身而出,勇于担当	我们每个人都有自己的工作和生活态度,我们尊重每个阿里人的选择。 这条价值观的考核,留给生活本身

图 2-6 阿里新六脉神剑(续)

所谓"六脉神剑",其实分别对应着阿里的六句土话。阿里土话是什么,就是阿里自己的语言体系,从 1999 年创业开始,阿里人就常常把管理要求、员工准则、做事准则这些内容用一个个短句、金句这种接地气能让人记住的方式表达出来,每个阿里的员工一听就懂。这六条价值观分别是①客户第一、员工第二、股东第三。②因为信任,所以简单。③唯一不变的是变化。④今天最好的表现是明天最低的要求。⑤此时此刻,非我莫属。⑥认真生活,快乐工作。这六条价值观,最后一条不考核,前面五条都要考核。

每条价值观都有一个诠释和四句行为描述,比如因为信任,所以简单,这条的诠释是世界上最宝贵的是新人、最脆弱的也是新人,阿里巴巴成长的历史就是建立信任、珍惜信任的历史,你复杂,世界便复杂,你简单,世界也简单。

因为信任,所以简单,这条的行为描述为诚信正直、言行一致、真实不装;不唯上欺下,不抢功甩锅,不能只报喜不报忧;善于倾听,尊重不同意见,决策前充分表达,决策后坚决执行;敢于把自己的后背交给同伴,也能赢得同伴的信任。每一条都有四句话,按照否决法,做到得 1 分,没做到得 0 分,如果一半做到一半没做到怎么办呢,还是打 0 分,最后形成一个总分,分为 ABC 三档,所以每个阿里员工的绩效考核都是两个分数 3.75B、3.5A 等。

很多人会问:我们公司也考核价值观,为什么往往就是一个分数,并没有什么显著的作用,阿里的有什么不同吗?

其实,关于价值观或者是态度类的考核,在阿里实际应用的时候是有几个底层逻辑的:

> 价值观是企业文化的一部分,代表着公司的诉求和导向,代表着"我们要什么,我们不要什么"。

KPI 和价值观两者缺一不可:KPI 考核的是做事的结果,价值观考核的是做事的过程。

价值观不能只是名词,要有具体的诠释和行为描述,这样才能为考核奠定技术上的基础。

但实际操作的时候,企业也要明白,行为是没有办法绝对量化的,它只要能达到认知一致的目的就可以了,所以价值观考核不求可量化,但求"接地气",但因为高值和低值无法量化,就需要用案例去佐证,所以在六脉神剑中,如果前两条得 0 分,需要写案例,后面两条得了 1 分,也需要写案例。

如果从技术设置上来说,价值观可以用区间法或者否决法。

最后一点很重要,那就是即使前面六条都做到了,很多公司价值观考核可能依然做不好,为什么呢?因为价值观本身是企业文化的一部分,是企业的基因(DNA),价值观是需要先落地、宣贯、内化,最后才是考核,没有前面三步,考核不会有效,价值观的宣贯是一个过程,这种宣贯不是一天两天、一次两次,它贯穿于人才管理工作和日常业务管理的每一天,很多人只看到了阿里的价值观考核,却没有看到阿里在价值观宣贯、落地、显性化上花的时间、精力和心血。

【第四步:绩效应用】

绩效结果出来后,不是写在考核系统里面然后发奖金就完事了,需要做绩效面谈,绩效面谈谁来做呢?阿里的原则非常明确也很经典:one to one plus HR,即主管跟员工直接做绩效面谈,这个过程 HRBP 要参与,那面谈谈什么呢?针对不同的员工会有不同的面谈重点,这些都会提前给阿里的管理者做培训。

通常来说,针对361不同分数的员工会有不同的沟通重点,比如:

> ①:要告知员工优秀在哪里?有当面表扬过他的优秀吗?有没有把他树立为团队的标杆并且告诉其他员工他是标杆。
>
> ②:告诉他们的优点是什么,还要告诉他们需要提升的地方在哪里,这里一定要应用汉堡包的沟通法则,先讲优点,再说需要改进的地方,再谈期望,千万不要上来就先批评,或者很简略地说两句优点,然后就全篇都在讲缺点,每次在管理"三板斧"培训的时候,就会有一个环节,在绩效应用时候的"视人为人"。管理者可以自己感受一下,如果自己的主管这样做反馈,是什么感觉,所以先表扬—再批评—最后给予希望,这三个环节的顺序不能颠倒。
>
> ③:绩效结果不好的员工,要告诉员工如何做整改计划,具体的辅导行动计划是什么,最后的期限是什么时候,如果不改会怎样等。

在绩效结果的应用上，原则很清晰，也是符合薪酬体系的原则：让有情有义有结果的人有回报，具体落地的时候，就聚焦在奖励惩罚，如图2-7所示。

奖：对有结果的奖赏
励：对好的过程鼓励
惩：不是我要的请离开
罚：不满意但愿意继续给机会

图 2-7　绩效结果应用

奖：对结果有奖赏，包括绩效奖金，挂钩晋升，宣传报道，物质、精神奖赏等。

励：对好的过程有鼓励，对过程中展现出好的部分给予肯定、表扬、宣传，特别好的部分也会给员工特殊的奖励，这也是前面提到的为什么过程辅导和跟进很重要，管理不能把所有的结果都留到考核的时候，阿里在绩效应用上很讲究一个原则叫不足为奇：绩效结果既不要惊喜，也不要惊讶，所有的结果都是过程自然而然形成的。

惩：不是我要的请离开，不管是否能拿到结果，如果员工做了决定不允许做的事，那就要惩戒、汰换。比如员工触犯了价值观、触犯了底线，经过多次培训、调岗依然业绩很差等。

罚：不满意但愿意继续给机会，比如做绩效改进，取消部分权利资格等。

在绩效结果应用上，阿里的原则是很明确的：如果要把绩效考核当成一种有力的管理工具，管理者就不要当老好人，多数人都是不患寡而患不公，他们可以跟企业共患难，可以加班，但他们不能忍受老板不公平，不能忍受干多干少一个样，干好干坏一个样。所以阿里的绩效结果应用体现了两个字：极致。

总之，绩效考核不等于绩效管理，考核只是简单结果的呈现，绩效管理则是战略落地、执行和跟进的工具。如图2-8所示，阿里用了一套完整的逻辑来呈现绩效管理的本质：首先在制订绩效目标时，要做到今天最好的表现是明天最低的要求；其次在实施绩效辅导时，考虑为什么要做绩效辅导，因为没有过程的结果是垃圾，没有结果的过程是空话，而绩效好不好，关键在辅导；再次在绩效考核时,阿里的原则是不足为奇,一切都是水到渠成的,既不要惊喜也不要惊讶;最后在绩效结果应用时,绩效不是去撒胡椒面,要对得起好的人,对不起不好的人。追本溯源绩效体系是阿里人才管理体系不可或缺的一个组成部分,而绩效的本质是实现客户价值的管理工具。

绩效的本质是什么：实现客户价值的管理工具

绩效目标
今天最好的表现是明天最低的要求

绩效辅导
结果要好 过程也要好
绩效好不好,关键在辅导

绩效应用
对得起好的人,对不起不好的人

绩效考核
不足为奇

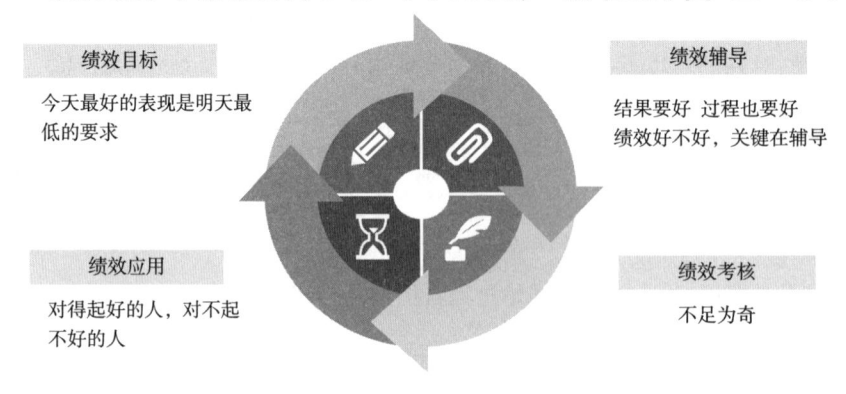

图 2-8　绩效管理的本质

本章知识点精华

(1)人才管理是基于对业务的理解,不理解业务人才管理通常会跌入"没有需求,只有项目""没有协同、只有硬推""没有治标、只有治本""没有战友、只有分工"这四个常见的误区。

(2)人才管理的动作是要支撑战略落地的,从战略到组织的生成路径包含了业务战略、业务策略、组织战略、组织策略四步。

(3)所有对战略的理解都是从战略的"上三板斧"：使命、愿景、价值观开始的。

(4)战略落地是以绩效管理体系为抓手的,完整的绩效管理体系包含四个部分:绩效目标、绩效辅导、绩效考核和绩效应用。

第3章 精准选才：把好企业入口关

3.1 面试到底是谁的事儿——管理者是组织的首席人才官

很多管理者会在人才管理的时候被这些问题所困扰，比如为什么激励一个无欲无求的员工，为什么帮员工争取晋升、争取加薪，突然有一天，竞争对手加了一点工资，人就被聘去了。管理者常常把更多的时间和精力花在育人、用人和留人上面，却忽略了这些动作的前提：找到合适的人。精准选才，才是解决一切问题的开始。

在传统的面试中，很多实际操作过具体流程，或者是设计过企业招聘体系的管理者，常常会在面试中遇到这样一些问题：评价的标准不统一，导致每一位面试官都有自己的标准,变成按照自己的喜好和偏好去招人,组织整体评价的公平性很低。

再比如,面试官总是擅长问专业的问题,而专业的问题相对于冰山下的问题来说是更易于准备、对于信息的收集帮助也很有限;面试过程中面霸层出不穷,面经满天飞,尤其是校招的过程中,这种情况更加明显,怎么样才能真正观察到候选人的能力水平,这其实是人才管理中很重要的一个问题。

选才环节,在大部分的公司都会由 HR 来负责,所以很容易使 HR 背负着不该背负的责任。例如:简历不够多,HR 不作为,不能多给点简历吗? HR 的问题!面试看人走眼了,面试看人技能不准,HR 的问题!看上的人留不住,人事开的薪酬没有竞争力,HR 的问题!招的人干活不行不出业绩,没有给他们相应的能力培养,HR 的问题!所有的一切,都是 HR 的问题。

在阿里,这些和人有关的问题第一负责人是谁,不是 HR,而是管理者,做管理不仅仅是管业务,更是管组织和人,所以在阿里成为管理者之后培训的第一课就是:管理者才是首席人才官,优秀的管理者要做到雌雄同体,雄是业务,雌是组织和人才。

为什么招聘对企业的人才管理很重要呢? 一句话:只要你的人对了,你的世界就会对了。杰克·韦尔奇曾经说过,我们能做的一切就是把赌注压在所挑选的人的身上,管理者是通过别人拿结果的,所以找到能够拿到结果的人是身为管理者的首要任务,从相关数据上也能得到相应的验证:如果选到一个错误的人,给企业带来的损失约占这个人整体年薪的 50%。

如果招到一个合适的人,其为组织带来的绩效,大概会比普通员工多 20%~120%,所以可以想象,如果一个人的差别就这么大的话,一个企业的人数越多,最终人效将会是非常大的一个差值。

很多公司会把人才管理的太多力气花在对员工的培训上,其实可以把这件事情做得更前置一点,如果要招一个会爬树的动物,与其费那么大的力气去招一只小猪教会它爬树,为什么不直接去招一只猴子呢?这就是招聘为什么重要——人对了,整个世界就对了。

阿里所有的管理者上任后都会进行完整的管理培训体系,这些管理课程的第一堂课就是如何请优秀的人加入,如何请不合格的人离开,简称为:招开人。在阿里的逻辑中,学会招到合适的人是所有管理的起点,因为首先招的人对,培养、激励、晋升才有价值和意义。所以招聘是管理者学的第一课。

这句话听上去好像在给 HR 推卸责任,其实不是,业务管理者和 HR 都对企业的人才管理体系负有责任,只是两者的职责和分工不同,在招聘这件事上,HR 核心要承担的职责包括规划招聘过程、收集招聘寻求、设计面试申请表格、合适简历的获取途径、组织招聘的开展,在招聘过程结束后去评价和梳理招聘过程、参与背景调查、参与聘用决定,并对业务部门的管理者进行面试技能的培训及咨询等。

所以一个招聘的 HR 在企业里面绝对不能只是组织招聘,一定要参与到评价和面试的核心环节,最终影响招聘结果。HR 的核心价值是劣汰,即淘汰那些明显不合适的人。所以 HR 要专注在发现哪些候选人有不妥之处,更多筛选的是候选人的软性条件,比如说阿里的 HR 主要负责闻味道,也就是候选人的价值观跟阿里不符合,没有阿里味儿,那肯定是没法进入到下一轮面试的;还有一些候选人会有简历作假行为,以及一些特殊个性,比如说候选人明显是非常自我的人,特别不喜欢团队合作,总是单打独斗,就不符合阿里"因为信任,所以简单"的导向。所以在面试结果上,HR 更多拥有的是一票否决权。

而业务部门的职责是"择优",即找出正确的那一个,负责提供明确的人才标准,确认招聘需求,很多公司的业务部门想要招人了,会给 HR 直接提要求,让 HR 自己去网上找一个相似的,这常常会让招聘进展很缓慢。所以阿里有完整的招聘流程,管理者但凡提出招聘需求,都需要同步清晰的岗位名称、岗位职责和人才标准，否则 HR 完全可以不接新需求。另外在面试时，业务部门主要负责专业技能这种硬技能的筛选，最终拥有的是用人的决定权。以上即为 HR 和业务部门在招聘这件事上的分工。

除此之外，阿里在人才招聘上一直都有很清晰的招聘理念，如图 3-1 所示。所谓招聘理念就是在招聘中面试官应该具有的方法论，或者是管理者应该如何深刻理解招聘这件事。

图 3-1　阿里招聘理念

阿里的招聘理念包括三条，第一条，眼光。管理者招人是招什么？招人不单纯是为了填坑的，不是找一个人把现在的活干好就好了，招聘既是为了今天有人完成当前的工作，也是为了明天可以发挥更多的潜力，企业后续的梯队人才建设从哪里来，都是企业不同阶段招聘时的人才补充而来。

第二条，胸怀。很多面试官喜欢招聘与自己相似的人，有时我们在面试结束之后会听到面试官对候选人这样的评价——"这个人非常像二十年前的我自己，我在他身上看到了年轻时候我的样子"，猛一听这种评价说明这个候选人很合适，可是再深入一想，这种情况是正确的吗？团队真的需要另一个你吗？

也许不一定是错的，但是作为管理者的胸怀应该更广阔，人才管理需要团队优化配置，一个人是无法做到最强的，只有团队才可以，所以团队应该兼容并包，人才的匹配有更多的可能性和多样性，这样组织才会有深度和丰富度,才能在面对各种外部环境的时候,做到合理的组合和排兵布阵,所以管理者在选人时应该要接受和自己不同的人。

第三条,超越伯乐。古话说千里马常有,而伯乐不常有。每一个管理者都是一个伯乐,伯乐寻找的常常是比自己更优秀的人,而不是不如自己的人。但这也是对很多管理者的挑战,即不敢去招比自己优秀的人,第一是怕控制不住,第二是怕招到优秀人才把自己替代了。

这些担忧可以理解,符合人性的底层需求,但想象一下,如果在企业里面管理者招的人不如自己,他的下属招的人比他更差,这一层一层的递减,企业的人才质量只会一层一层的衰退,最终整个企业的人才活力和组织人效无法保障。如何避免这种情况,除了设置机制上的保障,比如板凳计划,即一个管理者想要晋升的必要条件是培养出了继任者;更需要在理念上加强灌输:一个管理者之所以成为管理者,不是因为在技能上超越他人,而是因为管理者更有格局、更有眼光、更有胸怀。

3.2 成为"阿里人"的四个必要条件

许多公司在做人才管理体系的时候,通常会设计激励体系、股权计划以及各种培训,虽然这些都很重要,但所有选育用留的起点是清晰的人才画像。所谓画像,是指岗位人才标准,即外部招聘或者内部盘点所遵循的选人准则。

阿里的人才标准简单而清晰,即核心聚焦在四个词:聪明、皮实、乐观、自省,如图3-2所示。

聪明,指的是专业能力。无论是做商家服务、技术开发,还是做产品运营都需要懂行,只能懂行才能够用更好的专业方式去服务更多的消费者和合作伙伴。聪明还包括能够听得进去别人的反馈,能够设身处地理解对方的感受,有同理心,而不是刚愎自用、唯我独尊。

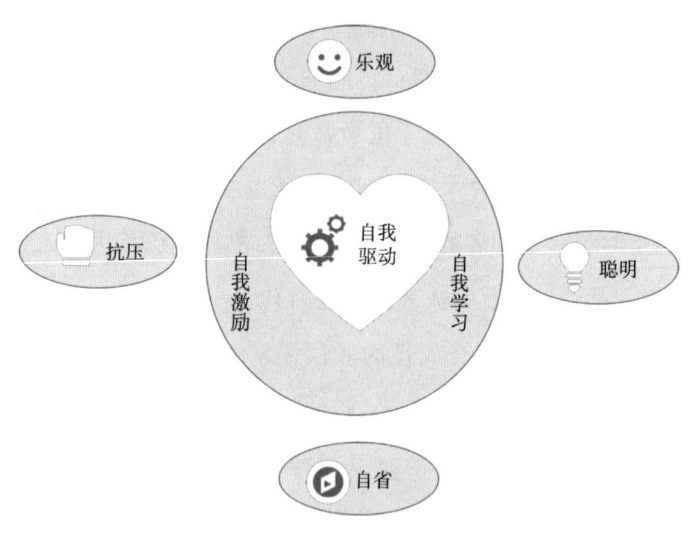

图 3-2　阿里人才标准

抗压能力。阿里不要有玻璃心的员工,很脆弱的、有一点事儿就过不去肯定是不行的,阿里的员工不但能承受批评、负向的压力,更要经得起表扬,今天阿里名声在外,有很多优秀的、有成就的、有才华的同事,如何能够以平常心对待外部的称赞,能够正确看待外部对于阿里的光环和荣誉,能够辨别"是你成就了公司,还是公司成就了你",经得起捧杀,也经得住捧杀,逆风不退、顺风不狂。

乐观,指的是对事业充满信心。如果今天一件事情失败了就去找理由,会有一堆的理由等着你,某个事情做不成可能是 A 部门不给力或是 B 部门不支持,因此便不开心,甚至充满失望情绪,这样的人是不符合阿里人才观的。阿里从 1999 年诞生,一直都是靠理想主义去规划,现实主义去落地,乐观主义去坚持。也正因如此,才使其行稳致远。

自省,指的是自我反思。如果一个既聪明且抗压又乐观的人,缺少了最后一个要素——自省,总觉得都是别人的问题,是非常可悲也是非常可怕的。不自省的人就像一支手电筒,永远只照外面、只照别人,从来看不到自身的问题。缺少自省另外一种表现便是认为自己人微言轻,说了也没人听,或者就是纯粹的抱怨:"都是某某部门不作为","都是某某闯的祸,跟我没关系",这样的心态是无法成就事业的,所以,每个人都要善于从自身找问题,只有这样才能让自己进步,更易成功。

以上就是成为阿里人的四个必要条件,也是阿里通用的人才标准。

3.3 阿里管理者必修技能:两个工具实现"知人知面又知心"

管理者在面试之前都要学习关于如何面试的技能培训,在如何找到合适的候选人上,有两个必修的工具:情景面试法+行为面试法。

什么是情景面试法?情景面试法的核心是还原应聘岗位的真实工作场景,然后把它变成一个情境化的题目让候选人去作答的一种面试方式。例如候选人面试的是客户经理岗位,便可提问:"假设你是阿里 B2B 事业部的一名客户经理,如果你在这个岗位上已经连续两个月没有完成销售任务,如果本月再没有达成指标,你将面临降级的危险,而现在已经是该月的第 20 天,你还有 30% 的销售未完成,面对这种情况你会如何处理呢?"

从上例看出情景面试法的提问方式由两部分组成:典型专业工作背景,即到该月的第 20 天还有 30% 的销售量未完成,都是相应的假设情境,然后加上问题的提出,即你会怎么办?

情景面试法的优势就在于高度还原了真实的工作场景,可以从中预测到候选人未来在这个岗位上遇到这样的问题后,在不经过培训的情况下,本能的反应会是什么,再根据场景去判断候选人的能力如何。

情景面试法的困难之处在于如何提出高质量的问题,问题的场景从何而来?通常有以下四种操作形式。

第一,两难问题。情景面试法可以提一些非常纠结或者非常复杂的问题,例如:"你的上级领导迟到了,此时他发信息询问你能否帮他打卡,在这种情况下你会怎么做?"还有考察团队协作能力的问题:"如果与你一起搭档的同事,工作节奏非常缓慢,严重拖延了整个项目的进度,现在离你们的项目汇报时间越来越近,你还有两天就要交付这个项目的最终结果,但是他现在还迟迟未完成自己的工作,你作为项目的负责人,此时你会怎么做?"以上这些问题都属于两难问题。

第二,模拟实际的工作场景。像上文提问阿里B2B事业部客户经理未完成销售任务的例子便属于这种情况,如果一个阿里的客户经理在自己的岗位上一直不开单,就会被降级,如果你面临这种情况会怎么做?你会用什么样的方法来开单呢?这就是模拟真实的工作场景。

第三,事件的排序。给候选人几个选项,然后询问其最符合自己内心的排序方式,从而读懂候选人的真实想法。例如寻问候选人求职稳定性的时候,询问:"在以下几个因素中,你觉得对于选择一个工作最重要的因素是什么,是怎么排序的?第一是薪酬,第二是工作机会,第三是离家的远近,第四是公司平台的大小。"然后看他如何排序。

第四,完全依照岗位的说明书进行设计。例如职位描述(JD)可能涉及五条,便把这五条的内容做加工提炼,然后完全还原成面试岗位上的实际情况。情境面试法非常适合业务部门的管理者做面试官的时候用,因为与HR相比,管理者更能深刻理解岗位的职责,未来可能面临的困难和挑战是什么,最难突破的技术问题和管理问题是什么,然后把这些变成假设的场景给候选人,去判断未来在真实的工作场景中遇到此类问题对方会如何应对。如果HR凭空编造一些岗位场景还是有点难的,所以尽量让业务部门去提,或者是业务部门讲真实案例,HR帮忙提炼成面试时情景类的问题,也是这种面试方法的一个技巧。

除了情景面试法,应用更多的是结构化行为面试法(BEI)。行为面试法的核心是依据候选人对于过去实际行为的描述来判断其胜任力,而不仅仅去看学历、年龄、性别、外貌等所谓的冰山上部分的面试方式。行为面试法属于结构化面试的一部分,其核心是通过过去的经历来判断未来的行为模式和行为可能性,并将这一行为模式与空缺岗位的行为模式进行对比分析。为什么称为结构化?结构化旨在对每个面试此岗位的候选人,其结构都是完整的:包括面试标准的一致性、面试流程的一致性、问题提问角度的一致性等。

如何区分情景面试法和行为面试法呢?举个例子,"你是一个公司的总经理,你打算如何推动变革来调动大家的积极性?"这是典型的情景面试法的提问方式,如果换成行为面试法制度为:"请举一个你亲自参与过的推动组织变革的案例"。由此可见,二者之间的区别。

行为化招聘技巧是阿里管理者在管理"三板斧"培训课上必学的知识点,它也是目前为止最高效的面试方式之一。

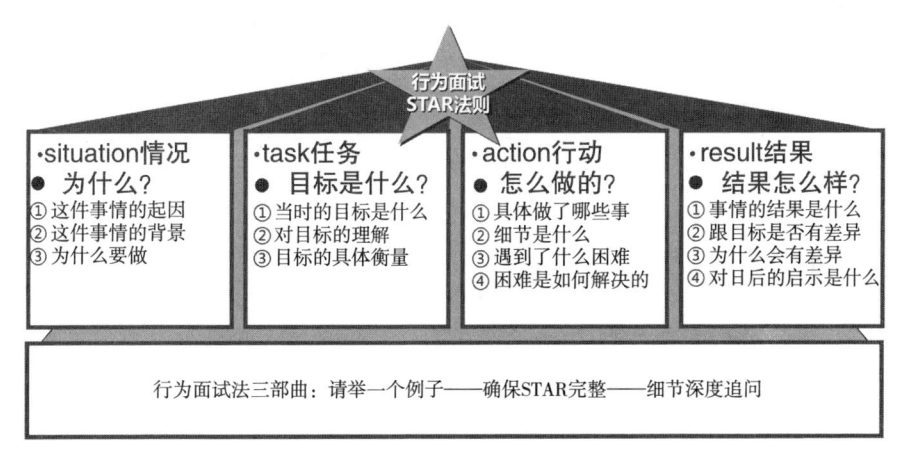

图 3-3　STAR 行为面试法

行为面试法的使用步骤为三步:第一步,所有需要考察的内容,都可以请候选人举一个自己之前做过的例子。第二步,评价案例是否符合 STAR 法则,如图 3-3 所示。所谓 STAR,首先是 S:situation,做这件事情是为什么?事情的背景是什么?时间、团队、职责、起因等。除此之外还包括候选人当时认知、思考、决定的理由。其次是 T:task,任务,或者称为目标,目标一定要具体,比如最好可以清晰地界定完成目标的具体数字是什么,如果没有数字也需要有具体的时间下的某个衡量标准,包括候选人对目标的理解是什么?目标是如何制订的?任务究竟是什么?接着是 A:action,有了目标后,具体用了什么动作来完成目标,这个过程中可以追问许多细节,如是否遇到困难?如何解决困难?具体做了哪些推动措施?这些困难之前是否预测到?有备用计划吗?最后是 R:result,即所有的事情要有一个结果,这件事情的结果是什么?与当初的目标有何差异?为什么前面提到的 task 需要尽可能衡量,就是为了具体在讲 result 的时候,可以去做一个对比,如果中间出现了差距,也是可以去追问的地方:即为什么会出现这样的差距?当时是否想过要去弥补?第三步,是细节的深度追问。以下是关于 STAR 的一个具体案例。

> 岗位:销售部业务员;人才标准:客户开拓能力。
>
> Q:"请举例说明你在销售开发工作中的成功案例。"
>
> S:"入职第一个月成功开发一家单体药店。"
>
> T:"我了解到药店领导真正的需求。"
>
> Q:"你当时具体做了什么?"
>
> A:"通过前六次的进店,了解店内产品的分类。这次进店与领导沟通我公司产品品类的差异化,并与店内同类产品做对比,突出产品优势和价格优势,并带好资质材料及产品样品。"
>
> Q:"中间遇到了什么困难吗?"
>
> R:"这家药店连续去了六次,都没有开发成功,我蹲在门口哭了,心中默念坚持,调整心态后,准备好资料,在进店第七次开发成功。"

我们看到的 STAR 案例很完整,但是缺乏细节,仅仅凭借当下的信息是无法对候选人的能力做出精准判断的,所以这就是行为面试的第三步:细节的深度追问。上文案例中的细节追问包括:跟老板沟通了六次吗?每次沟通的内容有何不同?前六次没有答应合作,第七次为什么就成功了呢?其中的关键点是什么?对你有何启发?等等。

STAR面试法之所以好用,是因为这种面试方法可以了解到的指标非常多,比如团队管理、系统思考、计划执行、主动学习、个人品质等,都可以通过STAR行为面试来问。所以这也是阿里巴巴的管理者在招聘时的必修课,行为面试三部曲:第一,举一个例子;第二,给出完整的STAR;第三,对细节进行追问,避免假的STAR或不完整的STAR情况出现。

3.4 拿什么留住你,昂贵的高潜人才们

HR和管理者在面试过程中通常会遇到一个问题:好不容易面到了一位优秀的候选人,相聊甚欢,但最后这位优秀的人才并未选择自己的公司。类似问题还有:一般的人才企业看不上,而优秀的高潜人才则要么选择很多,要么要价很高,那么这种情况该怎么办?

阿里在应对此类场景时,有一个专门的名称叫"贩售梦想"(sell dream),所谓sell dream,并不是传统意义上的"画饼充饥",画饼是假的,纸上的东西,看得见,吃不着。但sell dream是有步骤和方法的,并且都是真的,而且可以实现,如图3-4所示。

sell dream具体分为三步。第一步,告诉对方公司和岗位潜在的价值和意义。很多候选人面试前会寻找公司的介绍,但很少会了解具体的事业部或者岗位的情况,也更不可能知道这个岗位在公司中的地位和价值,这就需要面试官在面试时明确且细致地告知。

比如很多候选人对阿里的理解更多的是淘宝、天猫、支付宝,可是很少有人知道阿里的第一个业务是中国黄页的业务,也就是B2B的业务,所以B

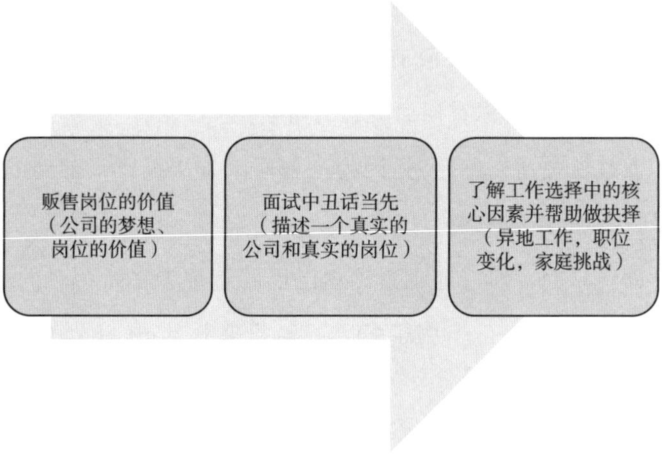

```
贩售岗位的价值        面试中丑话当先         了解工作选择中的核
（公司的梦想、    →   （描述一个真实的  →   心因素并帮助做抉择
岗位的价值）          公司和真实的岗位）    （异地工作，职位
                                          变化，家庭挑战）
```

图 3-4 贩售梦想三步曲

系的很多管理者都会在面试的时候告诉对方，你现在面试的是阿里的第一个业务，也是业内大名鼎鼎的"中供铁军"团队，这个团队出了很多的业界名人，比如唱吧创始人陈华、同城旅游创始人吴志祥等，所以被誉为互联网圈的"黄埔军校"。这些信息都会加强候选人对此岗位的认知和理解。

第二步，丑话当先。即告诉候选人一个真实的岗位现状和情况。比如对于创业业务，与其蛊惑对方明天很美好，不如真实告诉对方创业可能会遇到的困难和挑战，需要什么样的能力和心态去面对，描述一个真实的岗位，而不是美好的岗位，这是吸引同路人的不二法则。

第三步，了解对方工作选择中的核心因素并帮助他做抉择。很多影响候选人面试决策的因素包括工作地点的选择、工作和生活的平衡、职位变化等，面试官可以充分了解对方现在的纠结点，再给出对方建议和综合性的解决方案。比如阿里很多员工都会面临异地工作的问题，有的家在上海，工作地点却在杭州，阿里在面试的时候就会经常告诉候选人，公司周五和周日在杭州和上海之间是有通勤班车的，继而帮助员工更好做出工作上的选择。

sell dream 一般是面试当场的一击即中，最重要的是真诚和用心，让候选人感受到公司对于人才求贤若渴的态度,同时面试结束后可以现场加微信,保持后续的联系,持续进行人才的跟进和挖掘也是比较有效的管理方式。

本章知识点精华

(1)人才的招募是人才管理体系的基础,管理者是一家公司首席人才官。

(2)成为阿里人的四个标准:聪明、抗压、乐观、自省。

(3)实现高效选人的工具:情景面试法+行为面试法。

(4)当遇到合适的候选人,要学会贩卖梦想,做好面试的反营销。

第4章 人才盘点：阿里"杀野狗、烹白兔"背后的逻辑

4.1 人才盘点的起点是什么

人才盘点在近几年成为整个人力资源界非常热门的一个话题，因为随着外部招聘成本的不断升高，企业开始不仅计算业务账，还在盘点人才账。企业内部的人才无论是忠诚度还是文化的融合度，整体都是优于外部招聘的，所以企业的人才管理需要从外部转向内部，开始注重对内部人才的挖掘和培养。这就是为什么今天人才盘点已经成为许多企业人才管理的标配，而不仅仅是从前的可有可无。

第4章 人才盘点：阿里"杀野狗、烹白兔"背后的逻辑

人才管理从业者在做人才盘点时，首先要考虑一个非常核心的问题，就是：为什么今天要在企业里面搭建一个人才盘点的体系，或者是组织做人才盘点的项目。是因为这个概念很火，竞争对手在做，所以我们也跟着做；还是领导要求这么做？

在人才盘点做任何动作之前，知道"为什么"，要比其他工作都重要，因为"为什么"就是做人才盘点的初心，只有知道自己的初心是什么，才能把这项工作落到实处，朝着想要的目标去部署工作方式。

阿里经常在人才管理的各项举措中提到一个词叫"起心动念"，真正的人才盘点，它的核心应该是哪里？答案如图4-1所示。

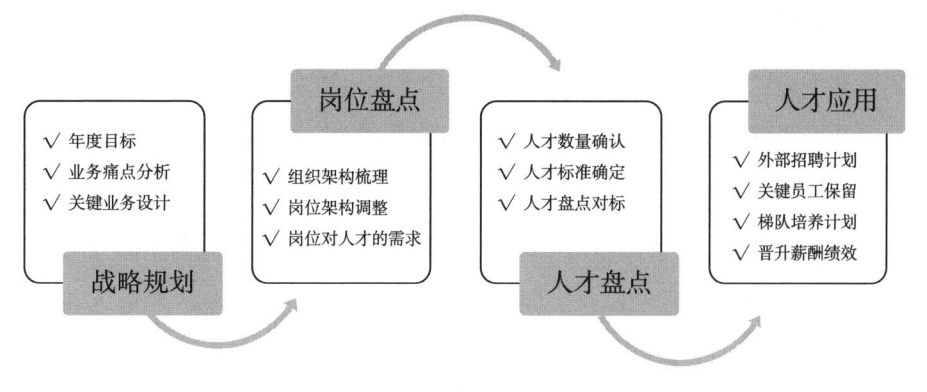

战略规划
- √ 年度目标
- √ 业务痛点分析
- √ 关键业务设计

岗位盘点
- √ 组织架构梳理
- √ 岗位架构调整
- √ 岗位对人才的需求

人才盘点
- √ 人才数量确认
- √ 人才标准确定
- √ 人才盘点对标

人才应用
- √ 外部招聘计划
- √ 关键员工保留
- √ 梯队培养计划
- √ 晋升薪酬绩效

图4-1 人才盘点的起点

答案是基于企业的战略规划，这里的战略规划包括公司整个年度的目标、业务痛点分析以及基于痛点的关键业务设计。在战略规划的基础上，先对岗位进行盘点，输出最优结构，进行岗位架构的梳理，然后输出对人才的需求。

在岗位盘点之后，再去做人才盘点，包括现状的对标、人才类型的确认以及梯队和人才需求最终的一个锚定，随后才是人才盘点结果的各项应用。所以战略规划、岗位盘点、人才盘点和人才应用，是梳理"为什么"，即为什么要做盘点这项工作的逻辑梳理。

阿里每年都会召开人才盘点会,先是集团层面,然后到各个事业群、事业部及大区,人才盘点是每年最重要的一次组织节点。在做盘点的时候,通常会盘点以下四个方面的内容。

第一是人才数量的盘点。即当前在岗人数与预计人数之间是否存在差距,差距人数是多少,通常会结合人员的一些基础信息,比如年龄、学历、司龄、性别等内容进行基础信息的筛选。

第二是人才结构的盘点。这里常见的人才结构一共有三类:首先是三角形的结构。此结构代表着基层员工的人数比例最高,接着是中层员工,高层员工的人数最少。这种结构通常适用于生产型的团队,比如一些劳动密集型或者是沉淀不足的团队。这种结构后续的调整方向是可以通过培养基层的员工,沉淀固化逐渐向上进行迁移。

其次是橄榄型的结构,中层员工是团队的主力,他们通常为专业技术人员,能够独立负责某一专业领域的工作,这种结构是典型的知识型团队,适用于知识密集型的企业,基层和高层的人数相对较少,而高层员工通常为技术专家或者是专业带头人。比如阿里的淘宝和阿里云便是这样的人才结构,中坚力量一般为运营团队或者技术团队。

最后是梯形结构,以高层级专业人员为主,通常是专业领域的专家,基层和中层人数较少,这种是一些特殊的知识型团队的代表性结构,通常由提供智力的独立服务团队所使用,比如律师事务所或者投资银行。企业应该采取哪一种人员结构,主要根据企业的业务战略特点来确定。

如果企业采取的是低成本战略,为客户提供有限的服务,那么更多的会去采取三角形的结构。如果立足于客户,以满足客户为导向的,此时要看满足的是哪个类型的客户,如果是大批量中低端的客户,那么还是以三角形或者是橄榄形结构服务为主,如果是小批量中高端的客户,那么一般采用橄榄形或者梯形的人员结构。如果战略定位是创新,包括快速推出新产品和新服务,若产品是简单的,仍然是以三角形的结构为主,但若是复杂的产品类型,那么就以橄榄形或者梯形结构为主。

第三是业绩的盘点。这里的业绩常常指的是绩效盘点,在这个过程中,绩效盘点有两点要注意:首先要看的不是当年的数据,而要看2~3年的业务趋势,因为看当年的数据,可能会受到市场大盘、外部环境等天时地利因素的影响,有时可能超过了人和,尤其是一些营销类的岗位会特别突出。其次,除了内部数据的比较之外,还要去引入外部的数据。比如某家公司当前的营业收入是市场的前三名,人均营业收入却不到市场的50%,出现这种情况要么是因为人多,要么是因为人员能力不足、人效较低。

第四是人员能力的盘点。包括两个部分,首先是岗位的胜任力,其次是岗位的潜力,胜任力的部分主要评估员工是否可以胜任当前岗位,潜力的部分主要是评估胜任下一个岗位的可能性,所以人才能力的盘点是针对员工更微观的一种盘点手段,也是整个人才盘点最精华的部分。

下面要解决盘点对象是谁的问题。首先对谁做,即盘点对象是谁,一般分为两种情况,一是全员盘点,这种盘点方式覆盖面很广,可以对整个企业的人员进行一次性摸底,但挑战是工作量很大、时间很长,成本也会比较高,它比较适合于中小型企业和创业型公司。二是按照二八原则,对业务、经营起到影响的关键岗位进行盘点。

确定了对谁做之后,还要知道是谁来做,也就是人才盘点到底是谁发起的。通常会有三种情况,一是HR发起的,这是最常见的,然后就是HRVP(人力资源副总裁)或者HRD,通过盘点来了解企业整体的人才现状,根据企业的需求确定后续人才管理的关键点。如果是新上任的HR高管,也有可能是"新官上任三把火"里最经常烧的那一把。二是业务部门直接提出需求,如果出现这种情况,一定是业务部门有痛点,比如部门在某些方面出现了比较大的问题,能否通过盘点这种形式来解决他们在用人上面遇到的问题。

三是CEO直接发起的,领导们做盘点的目的有很多,也许是为了揽住自己的人,剔除自己不喜欢的人,也许是为了摸企业的家底进行接下来的业务策划。同时新任CEO通常也会以人才盘点为契机入手,因此需要人才管理的从业者要有业务的敏锐度。在企业提出盘点的时候,要先问问自己,盘点到底是谁发起的?发起人背后究竟是想解决什么问题?

4.2 轻松上手人才盘点的五个关键点

人才盘点的流程操作可以概括为盘点五步法,掌握之后就可以快速实现怎么做这样的一个诉求。盘点五步法包括定义关键岗位、确定人才标准、选择盘点工具、召开人才盘点会以及盘点结果应用,如图4-2所示。

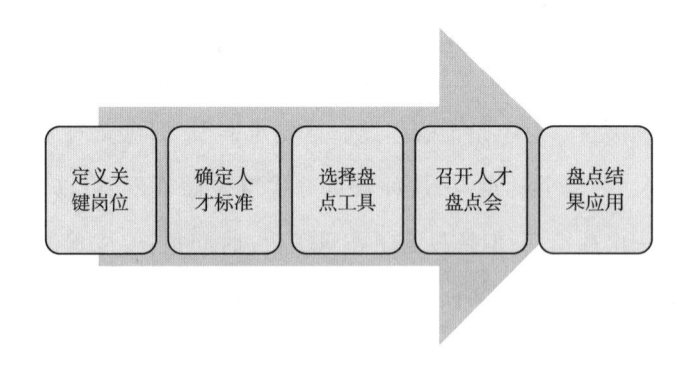

图 4-2 人才盘点五步法

定义关键岗位。关键岗位是指在公司经营管理、技术生产等方面,对企业生存发展起重要作用,与公司战略目标实现密切配合的重要岗位。我们如何来判断关键岗位?最精准的方式是岗位价值评估,海氏或者梅氏评估法都可以,简单一点的可以用要素比较法,要素比较法的核心是从关键岗位的四个要素进行对比,这四个要素是业务的重要性、外部的稀缺性、内部储备的稀缺性以及外部的招聘成本。

具体如何使用？举例说明。例如一家公司有A、B、C三个岗位,可以在内部通过工作坊的形式,根据这四个要素对这些岗位进行打分,评分的方法是:非常高9分,比较高6分,一般3分,较低1分。

通过工作坊的打分,就会得到在每一个岗位不同分数的汇总,比如A岗位的总分为18分,B岗位的总分为21分,通过要素的比较分析,就可以得到每一个岗位重要性的排序。

确定人才标准。谈到人才标准,此处不得不提的便是胜任力模型,可是究竟什么叫作胜任力模型呢？把这五个字拆成四个核心的部分,胜是指完全可以,任是担任,即担任某项工作,力是素质能力,最后模型是典范,所以胜任力模型是指完全可以担任某项工作的能力素质典范。简而言之,就是绩优人员的标准。

胜任力模型的底层理论基础是冰山模型理论,它讲述了人才识别的逻辑,即冰山上是知识技能的部分,即对方知识储备、技能获得、证书掌握等,这些通过简历或者一些简单的评价和笔试,观察过往经历,就可以快速识别,它属于门槛性的因素部分。另外更重要的部分是价值观、态度、自我形象、个性、品质、内驱力等,即冰山下不易改变的部分,这部分培养时间和周期会比较长,但对于一个人的绩效会产生重要影响,这就是鉴别性因素的部分。

在构建胜任力模型时,通常会从哪几个方面入手呢？如果一开始在公司里面去推建模这项工作的时候,我们可以从三个方向进行思考。

第一种,建立全员的通用胜任力模型。全员通用素质模型适合于企业的所有员工,更多的是企业文化和价值观以及对于员工的一些行为要求。

第二种,建立专业序列的胜任力模型,它的逻辑基于族群序列岗位。

第三种,建立领导力模型,它适用于中高层管理人才,是牵引企业未来发展的核心力量的模型,以上这三种模型通常是在建模时可以入手的三个方向,如果是三个模型要同时建的话,就可以形成一个 $N+X$ 的完整模型结构,即底部 N 是通用模型,X 是各个岗位序列的胜任力模型,顶端是领导力模型,如图4-3所示。

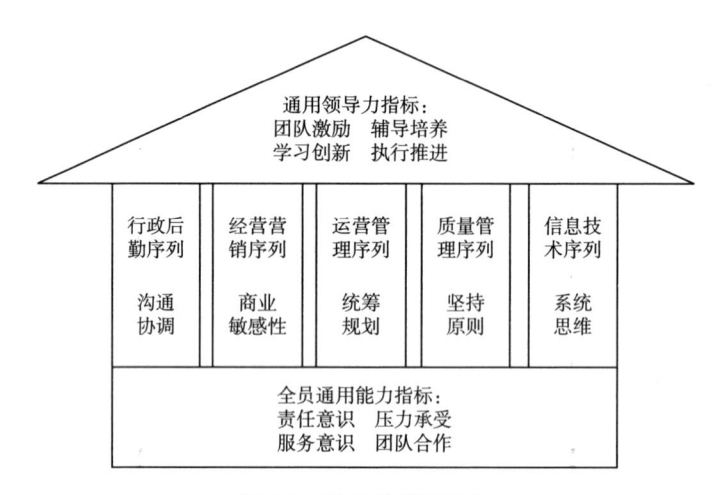

```
         通用领导力指标:
         团队激励   辅导培养
         学习创新   执行推进
┌──────┬──────┬──────┬──────┬──────┐
│行政后│经营营│运营管│质量管│信息技│
│勤序列│销序列│理序列│理序列│术序列│
│      │      │      │      │      │
│沟通  │商业  │统筹  │坚持  │系统  │
│协调  │敏感性│规划  │原则  │思维  │
├──────┴──────┴──────┴──────┴──────┤
│         全员通用能力指标:          │
│         责任意识   压力承受        │
│         服务意识   团队合作        │
└───────────────────────────────────┘
```

图4-3 $N+X$ 的模型结构

其实,有很多企业是采用胜任力模型的,但是他们会认为胜任力模型很难落地或者即使落地亦浮于表面,变成空中楼阁,所以便会请著名的咨询公司,花昂贵的咨询费用重新构建胜任力模型,但模型建好后又变成了一纸文件,没有落地,束之高阁。为什么模型构建后不能落地?通常有三个原因:第一,为了建模而建模,没有系统性的项目规划,即在前期建模时就没有规划好,建模之后到底要应用在人才管理的哪些方面,如何应用,甚至有些建模纯粹是为了赶时髦,为了建而建。第二,建模是HR的单方面操作,模型是HR自己设计的,与业务部门很少有深度沟通,流程甚至弱化到HR自己拍脑袋建一个模型,然后拿去给业务部门看,业务部门很草率地应允,就此完事。第三,这也是与人才管理的专业性最相关的一个因素,很多公司的模型是个半成品,要素不齐,模型落地就很难,那么一个完整的模型是什么样的呢?它需要具有五个部分的内容:模型结构、模型名称、指标定义、指标维度、行为等级描述,如图4-5所示。

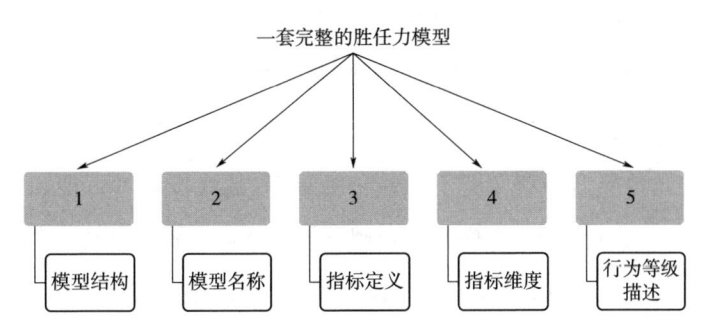

第4章 人才盘点：阿里"杀野狗、烹白兔"背后的逻辑

图 4-4　一套完整的胜任力模型的五个要素

（1 模型结构　2 模型名称　3 指标定义　4 指标维度　5 行为等级描述）

首先，要有模型结构。模型结构主要解决的问题是：有辨识度、有记忆度，因为没有记忆就没有应用。模型结构没有绝对固定的范式，可以根据企业的特别标志物去设定，也可以直接做成圆形、三角形、椭圆形等。

常见的模型结构有卫星模型、环状模型等。如果是专业序列的核心岗位建模，可以用卫星模型。卫星模型构建的核心逻辑是先确定岗位角色，再确定角色背后的指标。

以一家地产公司的模型为例，来阐述一下卫星模型是如何操作的，如图 4-5 所示。

大区总角色及指标：
- 战略推动者：战略沟通、全局意识、分析决策
- 区域经营者：客户导向、商机把握、统筹协调
- 团队领导者：培养与发展、激励与凝聚
- 自我实现者：学习创新、成就进取

商品部负责人角色及指标：
- 战略执行者：理解认同、资源整合
- 商品经营者：沟通影响、成本管控、优化创新
- 团队领导者：授权与辅导、组织协调
- 自我实现者：廉洁诚信、求知好奇

图 4-5　卫星模型结构

建模的时候要先确定岗位角色。例如这家公司的大区总共有四个岗位角色，分别是战略推动者、区域经营者、团队领导者和自我实现者；而另一个

岗位商品部负责人,岗位角色也是四个,分别是战略执行者、商品经营者、团队领导者和自我实现者。因为岗位不同,岗位的角色便不同,比如在战略导向上,对于大区总的要求是战略推动,对于商品部负责人的要求是战略执行,不同的角色要求下就会有不同的一级指标,战略推动者可能包括战略沟通、全局意识、分析决策,战略执行者则是理解认同和资源整合。

然而,即使是相同的角色,也会有不同的指标。比如下面两个岗位,它们都有一个角色叫作团队领导者和自我实现者,但是因为对这两个岗位的要求不同,也会定义不同的指标。比如说团队领导者,大区总要求他们培养与发展、激励与凝聚,但是对商品部负责人的要求就是授权与辅导以及组织协调。

除了卫星模型之外,较为常见的是管理岗位通用的模型,称为环状模型,如图4-6所示。

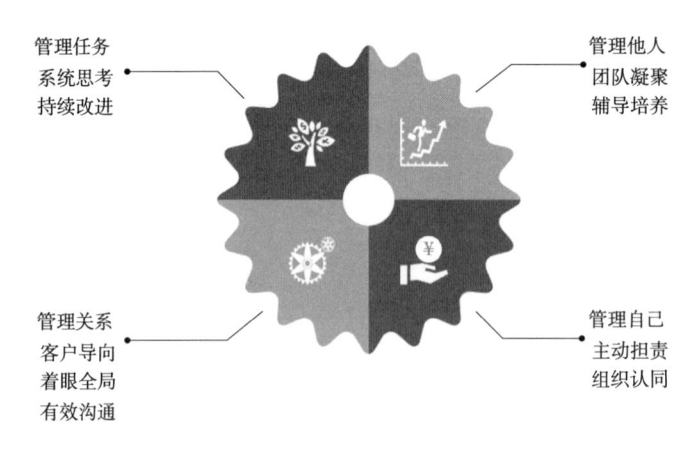

图4-6 环状模型结构

环状模型把管理者的管理情境分成四种:管理任务、管理他人、管理关系和管理自己。在四种不同的情境下,组织会赋予管理者不同的一级指标,比如管理任务,包括系统思考、持续改进等,指标的精准选择是根据各家公司的实际情况而定的,可以结合岗位要求及胜任力模型的指标库去进行选择性的自定义,但是环形模型的结构可以直接使用。

有了模型结构之后,这个模型后面的几个部分是可以混合的。以培养与发展他人的指标作为样例,见表4-1。

表4-1 胜任力模型样例——培养与发展他人

指标定义: 在工作中贯彻培养和发展团队的理念,运用授权、指导等措施发挥员工优势,为他人的发展提供机会和平台	
核心要求: 指的是主动帮助他人成长的愿望与行为;它强调的不仅仅是技能的传递,更是帮助他人找准个人与组织发展的结合点,并针对性地给予支持与帮助	
指标维度:技能指导、鼓励成长、发展导向	
1	及时指导 ·在他人遇到难题时给予帮助和指导,指导其完成任务 ·通过亲自示范和详细讲解操作步骤的方式帮助下属掌握工作技能
2	有针对性地进行授权和培养 ·分析下属的个性,把握优劣势,进行有针对性的指导和帮助 ·为员工提供工作方法和关键点的指导,给予下属充分的授权和行动自由,在任务关键点给予帮助和提醒
3	提供能力发挥与实践的机会,搭建发展平台,关注长期成长 ·帮助下属认识自己的发展瓶颈,并提供指导或锻炼机会 ·通过适当渠道了解下属的发展愿望及技能掌握的现状,帮助其制订适合员工的发展计划
4	完善组织能力培养机制,提升团队能力 ·不断优化整合现有资源,有针对性地建立核心岗位人才培养计划(如建立核心岗位接班人计划等),为组织的可持续发展提供人才保证 ·准确识别团队发展的根本需要,并据此不断完善团队培养机制

什么叫做指标定义?指标定义即为对指标的诠释,在工作中贯彻培养和发展团队的理念,运用授权指导等措施发挥员工的优势,为他人的发展提供机会和平台。为什么需要这个部分呢?这是因为要对思维进行对焦,如果没有指标定义,不同的人对于"培养和发展他人"的理解会不一致,有的认

为放权、给充分的空间是培养，有的人认为追过程是培养，有的认为做好激励、激发斗志才是培养，所以指标定义是为了有统一的认知，为后续的评估和应用做准备。

有时在指标定义后面有一个补充的核心要求，例如案例中这家公司建模的时候多做的地方，就是重新定义了对于培养和发展他人的核心能力的导向要求是什么。这个部分是选修的部分，可以补充也可以不做。

随后的部分是指标维度，在这里有三个不同的二级指标内容，包括技能指导、鼓励成长、发展导向等。

行为等级描述是每个指标的分级，即分为一、二、三、四级或者A、B、C、D，然后在每一级上面会有对应的行为描述，这就形成了五个层级胜任力模型完整的内容。

4.3 人才盘点的工具有哪些

人才盘点在界定清晰关键岗位，进行人才标准的构建之后，就要去选择盘点工具。

通常可以用到的工具有四种。首先思考一个问题：九宫格是人才盘点的工具吗？答案可以说是，也可以说不是。不是的原因很简单，九宫格呈现的是人才盘点的结果。如果说人才盘点的工具是九宫格，不如直接说用的工具叫管理判断。这种方式可以做吗？当然可以，但前提是公司规模较小，有十几个人或者几十个人的时候，或者是初创期的企业，直接领导主观判断就可以。有人说主观判断是不是很不靠谱、很不客观？其实当公司人少的时候，这种领导的主观判断是最快速的人才决策方式，因为人不多的时候，每个人怎么使用，是领导每天都在想的事情，所以领导的主观判断在规模不大的情况下，是可以去考虑的一种方法。

另外一种盘点的方法是360°反馈评估。360°反馈评估技术（360 degree feedback）又称多源反馈系统。它是由与被评价人有密切工作关系的多方位主体（包括被评价人的上级、同级、下级、自己、公司内外部客户等）对被评价人进行全方位、多角度评价的综合评估系统，从而全面、客观地搜集员工工作表现的信息，了解其优势和不足，并可以通过多次评价结果的连续跟踪和记录，帮助员工进行科学的自我评价，促进其不断成长。

360°反馈评估能为组织的人才管理带来什么？主要可以从个人、团队、组织三个层面带来不同的价值和意义，如图4-7所示。

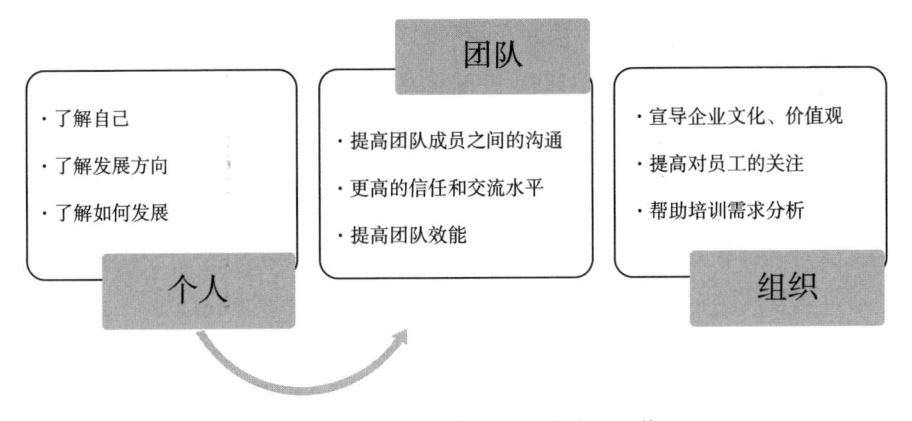

个人
- 了解自己
- 了解发展方向
- 了解如何发展

团队
- 提高团队成员之间的沟通
- 更高的信任和交流水平
- 提高团队效能

组织
- 宣导企业文化、价值观
- 提高对员工的关注
- 帮助培训需求分析

图4-7　360°反馈评估为组织带来的价值

很多公司常常认为360°反馈评估就是用来盘点乃至是考核的，360°反馈评估最核心的价值是作用在员工的个人成长上，它是一款经典的个人发展工具，或者叫自我认知工具。360°反馈评估可以帮助员工在盘点中了解自己的个性特质、了解个人的发展方向，以帮助员工在未来成为更好的自己。因为360°反馈评估涉及的被评价人和评价人会包含整个或者多个部门的范畴，人员的分布很广，所以它是可以帮助提升员工之间的跨部门沟通协作信任和交流、进而提升整个团队效能的有效工具。在更大的层面上，360°反馈评估是一个非常好的管理工具，什么叫管理工具？就是360°反馈评估对于组织的价值，它不仅可以宣导企业的文化价值观，还可以提高组织对于员工的重视程度,以及在未来给员工做赋能、做培养、做发展的一个有效的依据。所以360°反馈评估这个工具,对于个人、团队和组织三个层面都是非常重要的人才管理工具。

当然,360°反馈评估很容易在盘点的过程中沦为互相评老好人或者是用来打压别人的工具,正因如此,所以需要其他工具来弥补其不足。360°反馈评估在盘点时其核心是基于行为化评价,将岗位上对应的指标变为一条条具体的行为项,对行为项目进行评分,所以360°反馈评估盘点的是岗位的胜任力,即当下运营主管是否优秀,却无法判断其能否胜任运营经理,那么如何补强其不足呢?就要用到接下来这种盘点工具——潜能评估测试。

潜能评估测试了解的是岗位上未来的潜力,不同于360°反馈评估聚焦在当前岗位的胜任力,潜能评估的是未来发展的可能性,是基于梯队和高潜选拔的盘点项目应用工具。

最后一种是把所有选才工具都结合在一起的评价方式,AC评鉴中心。即通过各种场景的整合,在一个高度情境模拟的环境中对候选人过去的行为和未来的可能性进行综合性的盘点,即完整的评鉴中心的评估工具。

当用好了这些盘点工具去进行盘点,做结果输出的时候,输出的内容不是可以直接使用的,这时候需要召开人才盘点会,即校验盘点结果,通常用人才盘点圆桌会议的形式来进行。在这样的一场会议中,一般会涉及两类人群,第一类是主持人,包括HR或者人才管理的顾问,它的作用一是确保会议按规则进行,二是在适当的时机用组织发展(OD)的引导技术去对盘点的结果进行把控和引导。

第二类是盘点人,通常就是被盘点人的直接上级,一般他们在盘点会上综合评议结果,针对工具盘点出来的结果去陈述对下属的评价。而隔级上级也就是被盘点人上级的上级,他们一般是作为观摩和强调规则的角色,并不直接去评价盘点人。跨部门的一些同事可以作为参与者去提供跨部门协同性视角的输入,使整个盘点的结果更加精准。

如果想将一场盘点会开好,这里面有四个词非常关键,一定要把握好重点:即客观、开放、倾听和保密。对被盘点人尽量公平地作出判断,每个参与盘点会的人都能够开放地表达观点和意见,如果想要对所有的人作出合适的判断,就一定要学会倾听他人的意见,同时对于过程中听到的各种信息当事人做到保密,这里更多聚焦于过程的保密,至于结果要不要保密,主要取决于做明池还是做暗池,如果是明池就告知被盘点人结果,如果做暗池则盘点结果直接存档。

4.4 如何理解九宫格

以上操作结束后,就要进行盘点结果应用,盘点结果会分成两部分输出,第一部分是共性盘点的结论,就是大家非常熟悉的九宫格。

在九宫格里面,根据能力和业绩把员工放在不同的九个格子的位置。当然企业如果希望精细一点,九宫格可以变成十六宫格,如果粗糙一点,可以用四宫格,但是整体逻辑是相同的。

在九宫格右上角,也就是能力和业绩都很高的那群人是明星员工。在这两个维度上面有一个比较高、有一个是中等,便是中坚力量,然后大部分的员工就是中间那些表现尚可的人。在左下角能力也不行,业绩也不行,也就是企业要去重点关注、甚至是淘汰的人员。九宫格不同的位置,代表着接下来要对于每一个格子上的员工进行一系列的人才管理动作,培养、晋升或者淘汰等,九宫格从整体上给人才输出结果提供了一个完整的观察罗盘。

阿里的人才盘点结果很有特色,因为该公司是强文化驱动型公司,所以九宫格的横轴是价值观、纵轴是业绩,将不同的人放在不同的九宫格中,即为阿里的人才盘点表,如图4-8所示。

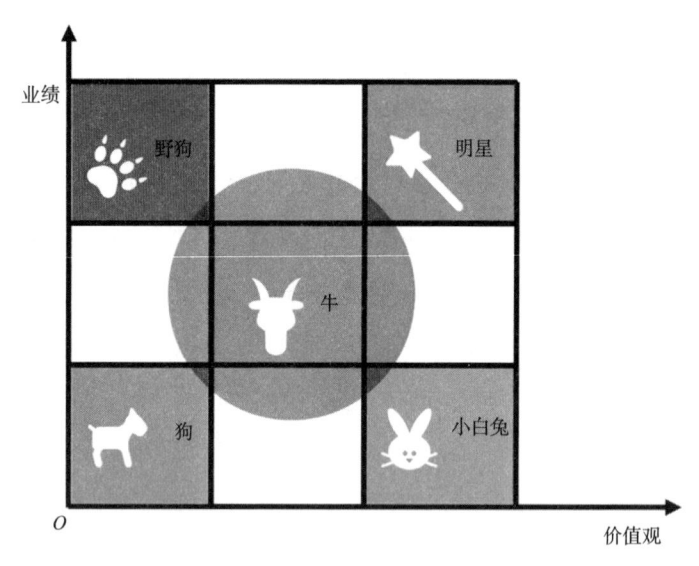

图 4-8　阿里的人才盘点

根据这个结果可以把员工分成五类,其中业绩和价值观都好的是明星员工,右上角是重点要激励和晋升的对象。两者都是中等水平的为"老黄牛","对"老黄牛"的管理要点是找到绩效或者价值观欠佳的部分,实现"老黄牛"向明星员工的转变。左上角是价值观不好但业绩好的员工,称为"野狗",阿里的人才管理理念一直都是过程要好、结果也要好,所以对于不遵守价值观的"野狗"是坚决不留的,但有些创业型的企业,因为业务处在扩张的关键阶段,需要能够出业绩的人,所以会保留"野狗",等企业快速成长之后再做打算。

九宫格的左下角是业绩和价值观都不好的员工,这类员工需要先培训再调岗,随后还不能胜任就会被淘汰,此处需要着重谈的是价值观好但业绩不好的"小白兔"类员工。很多公司对"小白兔"会非常头疼,因为这类员工是跟随企业一起成长起来的,随着企业的扩大,他们的能力无法跟上业务的发展,忠诚度很高,稳定度也很强,如果被淘汰,难免有不近人情之嫌。可是,"小白兔"是组织潜在的威胁,因为"小白兔"能力长期得不到提升,会混成"老白兔",从而会对周围的环境造成一种氛围——原来只要态度好,在这家公司就可以"躺平",那为什么还要努力呢?所以"老白兔"就会将企业周围的员工都带成一个"兔子窝",阿里对于"小白兔"的态度是非常明确的,"小白兔"可以给机会成长,但必须"多换脑袋少换人、不换脑袋就换人"。

第二部分是对于个体的盘点结果,九宫格是对团队的盘点,个体的盘点结果是每个人的盘点报告。盘点报告包含了基础背景的描述,例如工作业绩、个性动机、能力价值观、领导力等,还包括被盘点人的优势、不足、以及后续的发展方向等内容。

如果要做的更美观或者是呈现更加直观的话,可以用一些雷达图的形式,把各个能力项的长短板,更加有效地进行输出。一份高质量的个人盘点报告,对于后续员工用于自我认知和推动个人发展计划(IDP)的实施和落地都是非常有帮助的。

当得到了团队报告和个人报告后,人才盘点的结果企业该如何应用?人才盘点一开始是基于业务提出来的,目标岗位对于人的需求和现在这个岗位上人才能力的现状,通过盘点后,可能会出现三种情况,即人才盘点的三种常见结果落地应用,如图4-9所示。

人才引进	人才保留	人才发展
内招/外招	关键岗位保留和激励	人才培养和发展项目
√ 内部调岗 √ 校园招聘 √ 社会招聘	√ 薪酬 √ 绩效 √ 晋升 √ 调配	√ 专业能力培养 √ 管理能力培养 √ 个人发展计划(IDP) √ 导师制 √ 轮岗 √ 在岗辅导

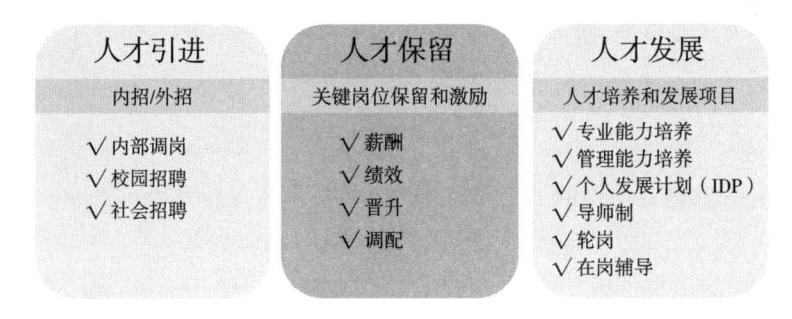

图4-9 人才盘点结果应用

第一种是人才标准和人才现状之间的差距较大,短时间之内无法培养出相应的人才,业务需求又很着急,这个时候企业人才管理要做的是人才的引进,包括内部招聘、外部招聘、内部调岗等。

第二种是人才标准和人才现状之间有差距,但差距不大,或者业务有等待的时间,可以等能力成长起来,那么梯队人才就需要专门的时间去培养,这个时候要做的是对各类人才发展和培养项目的设置。

第三种是完全没有差距,人才当下的能力状况完全可以符合岗位的需求甚至是超出了岗位需求。在这种情况下,要考虑的是关键岗位人员的保留和激励,比如想办法在薪酬上、绩效上、股权激励设置上、晋升调配上,用各种各样的方法保留住核心员工,因为如果企业不晋升和保留这些人才,很容易被其他企业"挖墙脚"。

所以,企业在人才盘点结果的应用上,主要体现在三个不同的层面,即如何去做人才的引进、如何去做人才的保留、如何去做人才的发展。

本章知识点精华

(1)人才盘点的起点是基于公司的战略,在人才盘点前要明白"为什么"并做好人才结构的盘点。

(2)企业人才盘点五步法:定义关键岗位、确定人才标准、选择盘点工具、召开人才盘点会、盘点结果应用。

(3)人才盘点常用的工具:管理判断、360°反馈评估、潜能评估测试、AC评鉴中心。

(4)人才盘点应用的三个方向:人才引进、人才保留及人才发展。

第5章　人才培养：高潜人才及梯队人才项目设计

5.1　721法则：高潜及梯队人才培养的黄金圈法则

在人才盘点应用的三个方面中，应用最多的就是人才培养和发展，阿里在这方面也有很多的实践，这也是造就阿里"良将如云、猛将如潮"的底层原因。在高潜人才培养和发展项目设计上，先来梳理一些底层的概念，即提升培训效果的手段有哪些。

今天的人才培养和发展项目与以前一个单点上的培训项目已经有了很大的不同，随着培训手段的丰富、线上线下学习方式的崛起，今天企业实施高潜项目已经从单点过渡到一整套人才培养的方案设计,背后的逻辑是从单点的传统培训向敏捷性培训、翻转课堂类转变的过程。

过去的传统课程是以讲师为中心,以讲师的知识、技能输入为主,所以多以教授为主要的学习手段。在这个过程中,学习是从知识获取开始的,学员首先进行知识和技能的习得,然后在具体的工作中进行实践和应用,在转化的过程中有些知识发生了丢失,有些得到了实践,得到实践的部分就会产生一些行为上的改变,在工作场景中做转换,从而支撑绩效的最终达成。

在这个过程中,整体转换流程貌似很顺畅,但实操过程中会有很多的问题。比如,知识的转化率是相对较低的,经常上完课之后,根据知识的艾宾浩斯遗忘曲线,基本上一个月之后,对于在课堂上听到的知识其记忆程度大概只有不到22%,大部分的知识点都已经被遗忘掉了,所以导致员工的成长速度变慢。另外以前这种单点的知识习得更多的时候跟真实的业务场景是脱离的,学了也无处应用,会产生与业务关联度较低的问题。

今天在设计高潜人才培养项目的时候,对企业的人才管理体系来说会有三大核心的转变。第一,从以前单一的只上一门课、只听一个老师讲授课程或者只有在岗实践这样单一的培养方式,转化为多元化的立体式培养方式,阿里内部开展的任何一个岗位的培养基本都是基于混合式培养方式的设计。第二,从关注现场的学习效果到关注课后相关的实践,并将两者有机相结合的转变。第三,是如何将知识的学习和业务绩效相结合的转变。这样三个不同转变的场景,是从点到面的当下人才发展设计的不同学习方式的转变。

在对成人进行项目培养方案设计的时候,有一个经典的黄金三法则,称为成人学习"721法则"。也就是对于成人的学习需要遵循三种不同的学习方式,如图5-1所示。

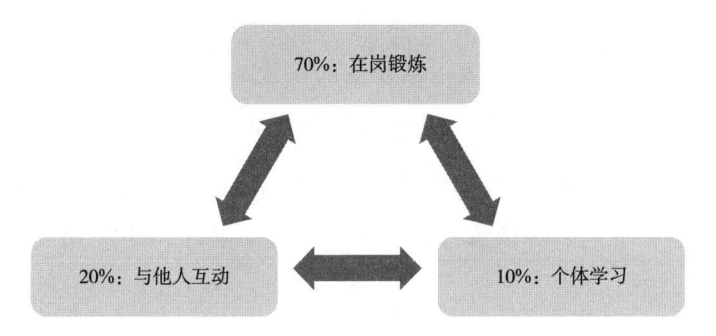

```
        ┌─────────────────┐
        │ 70%：在岗锻炼    │
        └─────────────────┘
          ↑             ↑
          ↓             ↓
┌─────────────────┐  ┌─────────────────┐
│ 20%：与他人互动 │←→│ 10%：个体学习    │
└─────────────────┘  └─────────────────┘
```

图 5-1　成人学习"721 法则"

所谓"721 法则",70%需要进行岗位上的实践和锻炼;20%来自同伴的互动和分享,这里的同伴不仅是同事,也可能是导师、主管、上级等;最后的10%来自课堂的培训、阅读等个体学习的方式。即使今天非常流行以线上学习为核心的培养方式,看起来很便捷,但它也是属于个体学习的方式,在人才发展项目设计时更多的还是要依靠于70%和20%的内容才能将所学真正与员工的实践相结合,对于员工的提升和培养才是最有效的,这也是成人培养项目设计的底层方法论。

基于"721 法则",具体展开来看,除了集中培训之外,还有哪些有效的培养的方式可以用。在共性的能力要求项上,可以采取积分制的项目设计方案,什么叫作积分制？它其实是根据一个员工的职业成长地图,把在一家公司职业发展通道上的每一个阶段对应到有效的学习方式或者专属学习项目的设计方案。其中,每一个学习项目都会对应着项目学习的课时学分,并且会根据员工的学习成长地图,分为必修和选修两种不同设计,形成下一轮积分制晋级的门槛。

比如,某家上市公司,一个完整的人才培养项目方案是针对管理者的,首先他们界定了一个管理的通道,即从普通员工转到管理者之后的职业晋升路径,然后从基层的主管开始晋升到经理,再往上晋升到资深经理,再到总监、副总监,甚至更高级别的副总裁 VP 乃至 MVP,最后是 CEO 这样的所有职业场景。而在每个管理阶段,管理的动作都可以分成三个层面:管理自我、管理他人和管理生意。人才路径图的设置本质上是延伸了胜任力模型构建时的通用管理者的胜任力模型,所以对应的每一个管理场景下面就是这个层级对应的能力项目。比如管理他人会有培养部属、有授权、有激励,然后每个管理场景下的具体内容或者说能力项就做成了一个公司的培养项目计划。

这里的培养项目从普通员工开始,会进入到一个叫作萌芽计划的项目中,这很像是现在许多公司做的梯队人才选拔之后,开始给梯队人才去设计相应的培养动作,这些员工选出来是高潜人才,需要发展能力,有一些培养机会。后备人才通过八个课程的学习,在这个过程中积累40个学分,为了获得这40个学分需要通过考试,获得相应的成绩统计,这其中包含必修的32个学分,另外包括八个选修的学分,学习的形式不仅仅是线上的课程学习,还有一些线下的集中培训、翻转课堂、导师带教、项目制等不同的培训形式设计。当学员获得了必修的32个学分之后,这一个部分就算是通关了。

这时候学员就可以成为梯队人才,有可能晋升到主管层级,然后同样的在主管层级也有自己的一些必修课,根据具体的项目需要再去学习,在初级主管的岗位上面,可能需要学主管必修的管理能力课程,这里也许又会有六个课程,然后去修得36个学分,其中必修24个学分,选修12个学分等不同的设置。

当完成主管阶段的学习,加上业绩优秀,通过人才盘点之后,就会继续沿着职业通道晋升,下一层级也许是经理,随后是总监等,以此来形成一个完整的人才培养路径。在这些学习内容中,一定会有一些公共课程的部分,即无论是哪个阶段的人员都会有的部分,一般在公共课程的部分,建议采取在线学习(e-learning)或者是移动学习(m-learning)的形式,当下很多人一直在提企业要向数字化转型,人才培养的数字化也是必不可少的,借助系统将数据转化为信息,通过学习数据的分析来评价课程的效果和学员的成长模式,可以更大程度降低单个员工的培养成本,最大效率提升培养效果,也让更多的员工在这个过程中便捷快速实现学习的体验。

除了积分制的使用之外,在共性的培养上面还有一件事特别重要,即大部分公司一定会花时间在专业能力上的培训。专业能力更多的也是通过学习地图的打造,本质上与管理能力相似,只是专业能力更倾向于知识技能,是学员胜任本职工作应知应会的部分,比如企业可以列出一个岗位上要达成绩效所明确需要获得的专业能力,然后在专业能力的习得上应知的是哪些,应会的是哪些,对应出具体的上岗标准,基于这些上岗标准会形成一些培训的课程和相应的培训内容,另外还包括具体的学习方式,比如有些知识点是不是需要实操,有些知识点是不是需要演练,然后实践落地。例如培养程序员,可能需要他写几行代码,然后做一个简单的小程序开发,才能判断出他是否真正掌握了某项技能。

这类培训做完之后会有考核的设置,具体如何来鉴别呢?比如很多公司会去搭建任职资格体系,任职资格很重要的是考核,可以通过笔试和实操类的考试开展。当然,如果想做得比较有意思,可以去做一个学习护照,然后闯关盖章,将打怪升级的游戏化场景体现在里面,这是针对"95后""00后"等人群所设置的特别的成长范式。

5.2 个人发展计划:IDP 正确的打开方式

在个性的培养方面,如果具体到某一个单独的个体,让他更好地去成长和发展的话,给大家推荐一种非常有效的方式,叫作 IDP,全称为个人发展计划,个人发展计划不仅是一张纸,简单地写下明年看几本书或上几门课,然后便束之高阁,这不是 IDP,最多就是一张行动计划表。

IDP 具体怎么做呢？个人发展计划的完整样例见表 5-1。

表 5-1　个人发展计划 IDP 样例表

个人发展计划（IDP）						
姓名		部门		职位		
直接上级		导师		入集团日期		
核心工作目标	完成目标所需要的技能（知识、技能、领导力）	能力提升行动	行动周期	能力提升衡量方式	导师	

IDP 是基于核心岗位的工作目标，基于绩效产出的能力发展体系的设计，可以看到这张梯队人才个人发展计划的表格，前面是每个员工的基本信息、公司的名称、员工的姓名、部门、车间、班组、编制岗位等，然后对应的是该层级的梯队，直线经理是谁、员工 360°评估的结果和潜能评估的结果，在这个样例里可以看到，这家公司在梯队人才选拔过程中，做了两层评估，第一层是当前岗位胜任力的评估，第二层是上一层级潜能的评估，表格中会填写人才盘点相应的结果。所以基础信息全部都是基于前面人才盘点的内容去做的，这也是人才盘点内容的完整输入。

有了这些之后，如何对它进行相应的培养动作，就需要去设计一个能力提升的计划，这里面的核心是去确定目标，核心目标是从员工的关键绩效指标（KPI）或者目标和关键结果（OKR）里面来的，即今年需要完成的具体业绩目标是哪些？然后再思考完成这些业绩目标需要哪些能力的支撑？比如是系统思考还是团队合作，是商业的敏锐度，还是要去培养团队等，而这些能力的支撑哪些又是自己所没有的。在这个过程中会发现一个问题，即在 IDP

中所选的能力项与360°评估或者潜能评估的能力之间是什么关系。二者之间的关系并不是所有的短板都能立刻修复，而是在所有的短板项里面选择那些能够支撑绩效目标达成的能力，且这个能力目前与理想值有一定的差距，然后再设计相应的项目进行提升，这是去做目标选择时的逻辑。

具体来说，整体人才盘点下来，某位员工考核的能力项目有八条，在这八条里面，有五条是需要提升的能力，可是能力的提升是一个缓慢的过程，同时在每一个点上的提升都有不同的方式输入。如何在这五个劣势中选择，到底需要提升哪一个，这不是去选分数最低的项目，而是去选那些对于员工而言会直接影响目标完成的、最具有战略支撑的能力项。就好像员工系统思考是4分，然后团队合作是4.1分，两个指标只差了0.1分，但是经过评估发现在员工接下来的绩效目标中，这个业绩目标靠他自己是无法完成的，一定需要通过团队的力量才能实现，所以团队合作能力差这件事情，就已经影响到了完成对应的岗位目标，那就优先选择培养这项能力，而不是去选择分数最低的那一项。所以，明确要培养的能力项，优先培养最需要的而非分数最低的一项，是开展个人IDP的第一步。

确认了第一步后，接下来就要思考，在针对团队合作能力方面，具体的能力提升的行动是什么？此时就需要按照"721原则"去设置，70%是通过岗位实践，借助工作中的学习思考团队合作的具体场景，20%是要在人际互动中去学习，比如说向上级请教，观看上级和同事在跨部门协作中是如何做的，然后10%是去看一些关于团队合作的经典书籍，同时要注意，能力提升是有周期的，因为IDP是一个管理工具，就一定要有检查机制、有复盘机制、有追踪机制，所以需要设置能力目标、相应计划、提升周期，周期根据能力指标而定，有些是按照季度，有些是按照半年度，按照改善的难易程度去定，通常来说，能力的改变并没有那么快速，所以IDP的周期通常以季度为单元。

最后，还要去检查能力提升的成果是什么，即怎么去检验。这里面的方式有很多，例如最简单的看书，能力提升的成果可以是过程型的，记读书笔记、安排进行内部读书会的分享。长期看也可以是结果型的，如季度跨部门协同的满意度分数，但能力提升的重点如果单一的去检查到底提升了多少程度是难以量化的，因为能力这件事情本身做到定量衡量就不容易，但是可以去做过程的管控，即每一个里程碑事件的管控，用每一次过程的管控来倒逼结果的达成。

另外，IDP中很重要的一点是对人的指导，这里对人的指导有很多种可能性，有可能是直接主管、有可能是所谓的师傅、也有可能是一些专业线或者管理线上专门派一个经历和能力都更为高阶的人来担任带教人。选择时的原则是：直接主管，能够在日常中给员工实时的指导，随时观察员工的行为；但当直接主管管理幅度较大，如团队中有10人以上时，就无法进行细致入微的观察，这时候就需要另一种形式——师傅，师傅在阿里俗称"师兄"，师兄是真正能够每天和员工在一起的那个人，能时时刻刻提供帮助；最后一种是针对管培生之类比较重要的、战略级的培养项目，可以指定专业线经理、总监有时甚至是CEO亲自带教。

IDP的开展有一个关键点，它聚焦在如何能够让个人发展得到真实的落地。那么，接下来就很重要了，即每个季度的跟进和追踪，所以IDP中一定对过程跟踪和阶段性结果记录，具体的操作是每个季度目标完成的情况、自我能力提升的情况、上级辅导的建议、确认签字等，这些内容都是由指导人去填写的。

在IDP实施的过程中，需借助企业人力资源的力量，HR要做好实施的追踪和复盘，比如阶段性的抽查或者是回收IDP的表格，然后去检查这个季度员工培养的动作做了哪些，做得好不好，员工有没有相应的行为改变。所以IDP本身的设计是前面的部分，然后它的追踪、过程反馈都在后面的部分,企业实施和落地 IDP,不仅仅依赖于设计的精准,还需要企业的管理者长期去关注一个员工的成长,所以 IDP 这种方式,一般是推荐给企业中的梯队人才去用,而不是人人都要设置 IDP。因为它在时间投入、精力投入上的要求是很高的,尤其去做阶段性复盘的时候,如果目标对象为几个人,可以落地很快且有针对性,如果全员去做 IDP,大部分的企业人才发展负责人必定无法顾及。那么,除了 IDP 之外,有没有适用范围更广阔的个性培养方式呢?有,就是导师制。

5.3 师徒制:如何防止教会徒弟饿死师傅的现象发生

什么是导师?导师又叫 mentor,导师就是把多年的工作经验中积累下来的学识、经验、智慧传授给其他人的人。传递岗位所需要的技能,提供亲身经历的一些发展经验,比起单纯理论式的输入,会让员工尤其是新员工有收获,因为看到了前辈们真实的信息,相信按照一定的学习路径,在自己的岗位上、在这家公司里,可以真正做出成果,实现个人能力和职业发展,这也是导师制在背后所能够提供更大激励作用的原因。

导师制几乎在所有的公司都会推行,名称千奇百怪,可是真正做得好的并不多。究其原因,往往集中在这些疑惑点上:导师平时也要完成自己的本职工作,究竟多少时间做带教,多少时间自己做业务;很多导师并不知道如何帮助新人,为什么要带新人,以及带新人有何好处;万一"教会徒弟,饿死师傅"怎么办?导师与主管如何分工?到底哪些问题员工可以找导师,哪些问题员工应该找主管?有了导师,是不是就不需要主管了……

以上这些问题的根本解决,就在于认识到导师制在企业的推动需要梳理清晰三个关键因素:导师的意愿、导师的能力、导师的机制。

首先,导师的意愿。很多公司在选择导师的时候并没有章法,属于硬性派工,只要是加入公司达到一定工龄的老员工就要被迫去带新人,不管老员工本人是否愿意、是否合适。那么什么人适合担任导师呢?需要满足三个条件:第一,在公司工作至少一年或者更长的时间,有相关岗位的真实经历,能够理解新人会遇到哪些问题,需要哪些帮助。第二,也是最重要的,需要具有宜人性。在著名的"大五人格理论"中,具有信任、利他、直率、依从、谦虚、移情等特质的人被称为宜人性高的人,宜人性高的人天生有助人的特质,愿意成就他人的成功,助力别人的成长。导师制在企业运行当中,难以避免会出现需要额外付出时间帮助新人的情况,也会有加班、超出正常工作范围的场景,激励当然是一方面,但只有内心对帮助他人并不反感的人来做,才能真正地发挥力量。第三,尽量选择办公地点在一起的导师和员工,员工如果每天日常都能够和导师在一起,有问题可以随时向导师请教,导师去见客户可以带员工一起去,员工有问题导师甚至可以在旁边手把手地教,才能更有效地提问、辅导和反馈,虽然现在的线上沟通软件和平台都很先进,但导师有的时候需要"临在当下"式的陪伴与体验,而异地的陪伴常常会影响效果。

所以阿里的导师又称为师傅,在选拔的时候是有门槛要求的,不是所有老员工都能够带新人,必须符合以上条件,尤其在愿不愿意带人这一点,会特别关注。也许一开始你获得了导师的资格,可是长期对徒弟不关注,那下一轮也会被取消导师的资格。

其次,导师的能力。当别人的导师要求很高,特别在专业能力上需要重视。阿里每年在导师身上会设置专门的培训经费,教他们如何成为一名合格的导师。好的导师,要根据徒弟的特点和不同时间段下的能力掌握程度进行不同的培养,在阿里通常会分为 ABC 三类。

A 类员工以工作经验较少的应届生或者年轻的初级岗位的员工为主,这类员工的培养直接用指导式。所谓指导式即直接给员工下工作要求,对初级的新员工而言,能够用最短的时间知道学什么、会什么、在哪学、学哪些、试用期考核的目标和要求是什么,这是对他们最好的培养,这种培养底层需要企业有经验萃取和知识沉淀的习惯,即有成熟且能系统做好过去部门知识和项目资料沉淀的工作,例如之前部门做过哪些项目,这些项目上犯过的错误、总结过的成功经验、项目开展的过程,都应该有沉淀的结果输出,而这些都需要管理者做好日常的知识管理。

B类员工属于对知识有学习但转化成实际的产出时有困难的员工,这类员工应该用教导式的方法,教的是技能,导的是心态,具体操作的方法是阿里经典的16字方针:我干你看,我说你听,你干我看,你说我听。我干你看是做一遍给员工示范,我说你听是帮助员工将理论再度夯实,你干我看是检查一下员工是否学会,你说我听是让员工复述理论加深理解。对于B类员工,他不再是完全的新人并且一无所知,他有知识沉淀,基本的知识点和技能点都有学习,但在如何应用和转化上面存在困难,这就需要导师发挥教导的作用,比如见客户时的陪访、技术操作时在旁边的现场指导。

C类员工是属于能力较高,但一下无法转化为业绩的员工,比如成熟的职场人士和行业的技术专家等。这类员工并不缺乏知识和技能的掌握,更重要的是在工作节奏、转换效果上的不适应,教练式就是这类员工最好的辅导方法。当前市面上有很多教练技术的课程,甚至企业会把教练技术当做辅导宝典,这中间就犯了应用上的错误,教练技术在使用时背后的逻辑是通过高质量的问题,引导学员自己找到答案,考验的是教练的倾听技术和引导技术,所以教练式并不适合所有员工,只有C类员工才需要用到教练,A类和B类员工需要提升的是技能,教练只教有能力的人。

最后,导师的机制。从人性的角度出发,花费了时间和精力,如何让导师保持持续的带人热情?那么便延伸出另一个问题,即导师的激励问题。导师的激励可以从三个方面解决,物质激励、荣誉激励和机制激励。物质激励,以海底捞为例,海底捞提倡店长多培养新店长,凡是能够培养出的徒弟开了新店,新店开业后的一段时间内的营收会按比例奖给师傅,这就实现了带人可以为自己创造新的收入,从物质上进行激励;荣誉激励,阿里每年的年终颁奖大会都会有一个特殊的奖励——最佳师徒奖,这个奖的规则是统计师傅和徒弟共同的营收,排名靠前才能得到,这个奖励也是颁奖大会上的压轴环节,师傅和徒弟最后会在大家的掌声中携手走过红毯,获得极大的荣誉感和成就感;机制激励,华为和很多企业都有相关的规定,干部晋升的前提要有带出来的徒弟接班,通过机制来保证师带徒真正落实到位。

5.4 阿里管理"三板斧"项目实践

管理者的培训一直都是企业人才管理提升的重点领域,先来看以下五大类课程,是不是许多企业都采购过?

> (1)六项思考帽。
> (2)高效能人士的七个习惯。
> (3)高效演讲与口才。
> (4)思维导图、金字塔原理、鱼骨图、执行力、团队协作。
> (5)其他:沙盘模拟、职业培训师培训(TTT)、教练技术等。

很多公司反映这些课程上完之后效果不佳,管理者说公司做培训耽误了很多做业务的时间,可是并没有对工作产生实质性的影响,很多公司也因此削减了相关的培训费用,后续再申请培训费用变得越来越难。可是,这些问题的产生,并不是课程的原因,课程都是好课程,只是企业的人才培养项目在设计初期就陷入了以下几个误区。

误区一:只见树木,不见森林

如上面五大类采购的课程都有一个共性的特征,全部都是管理的具体技能类课程。技能有用的唯一前提是意识升级。这也是第一种误区的根本原因。

只见树木,不见森林的逻辑是只给管理者工具,不给管理意识的启蒙和管理大图的梳理。所谓管理工具包括执行工具、授权工具、协调工具,这些工具的应用掌握有一个前提,就是要让管理者看到管理的大图是什么样的。即所谓的管理到底包括哪些内容。比如技术员工或是做业务的员工,他们对于管理的认知,很多时候仍然局限于带人带团队才是管理,他们会被如"做业务和做管理的比例到底应该是几比几""我是基层管理者,除了带团队还要自己干活,如果下属的能力实在很弱,还要自己干"这些问题所困扰,这就是典型的只有管理技能,从未梳理过管理的大图到底是什么,甚至连管理的本质是"通过别人拿结果,而不是天天使劲地自给"都没有给学员讲明白的典型,在管理的大图中,管理不只有团队管理,还应包括业务管理、自我管理、关系管理,这些都是管理的本质。

误区二:经验分享≠能力培养

很多公司非常喜欢做内部的分享,尤其是高管、中层或者是某位优秀人员的经验分享,并因此常常自鸣得意。内部分享多,本来是好事,但是经验分享的本身并不等于能力的培养,优秀管理者的经验分享是个人管理经验的分享交流,本身并不等于管理课程或管理培养体系。一家公司管理者的能力培养需要有共同的、标准化的体系设计。而这个标准化的体系设计就是在一家公司中所有的管理者都应该学习的能力标准以及基于这个标准需要提升的各种管理行为,这才是整体能力培养的内容。如果是单纯的经验分享,说白了每个管理者之所以能够成为优秀的管理者,一定都是有自己独门的秘籍和绝招,正因为如此,我们需要在以下内空中找到共性。例如有人说"我带团队是因为我有家庭式的组织关爱",也有人说"是因为我给了团队足够的目标",还有人说"我是授权做得很好,给下属充分担当的机会",所以经验分享的本身是需要经过一轮组织的萃取,将其中的共性特质进行提炼,才能变成组织中通用的、标准化的体系设置,然后才能沉淀为一整套的管理能力。

误区三:HR 要做的事情常常与管理培训内容无关

许多公司的 HR 常常会吐槽管理者,说管理者只关注业绩,不关注组织和人,所有与人相关的事情都丢给人力资源部,招人太慢是 HR 工作拖延,员工效率低是 HR 的培养不给力,留不住人是 HR 压着薪酬不给高薪,团队氛围不好是 HR 不给团建的费用,HR 会常常认为自己成了最后的"背锅侠"。可是,吐槽可以一时抒发情绪,却无法解决问题,真正聪明的 HR 会借助培训来打通管理者的认知,尤其是对组织和人的认知,通过管理者的培养体系让管理者们自己认识到管理者才是首席人才官,选育预留都是与管理者有关的,并且教会管理者如何选人、如何育人、如何做团建。

误区四:管理工具没有建立在管理认知的基础上

公司在选择管理课程或去外部找管理类的课程以及老师的时候,经常提的诉求点通常归结到课程有没有互动、课程的工具学到之后能不能落地、有没有实操、能不能实践等问题之上。可是,从人才发展的本质逻辑来看,所有的管理工具在落地时候的基础都需要有一定的管理认知,无论是执行、沟通、授权,前期都要有管理认知。所以管理课程或管理体系的打造,是从管理者的角色和认知开始的。先要让管理者对管理的认知进行升级,有了认知才能落地工具,没有认知所有工具都无用,因为"你永远也叫不醒一个装睡的人"。

人才管理的实践者很容易把自己陷入工具论的误区中,总幻想着工具就像法宝一样。经常充满如下想法:有没有一个授权工具一学就会?有没有一个执行工具一学就会?有没有一个战略共创工具一用就会?其实所有经典的工具都是大道至简的。每个人拿到的工具、模型很多时候都是一页纸,可同样的一页纸其落地效果会完全不同,是因为每个个体的认知不同而带来的工具效果的不同。好的管理课,不是手把手地教管理者每一步要怎么做,而是要为他们打造组织的体系、设计组织的机制。

这些误区阿里当年在设计管理类课程的时候都犯过,也是大量采购经典的课程,却被业务部门不断吐槽,后来高层直接发话:去研究一下最适应阿里的管理课是什么样的,不要多,多了记不住,像程咬金的"三板斧",就三板,但招招有用,这就是阿里管理"三板斧"的来源。阿里将所有的管理者分为腿部(基层管理干部)、腰部(中层管理干部)、头部(高层管理干部)三大类,在每类管理者那里就是实实在在地学会三大能力,即基层要招开人、建团队、拿结果,中层要懂战略、搭班子、做导演,高层要定战略、造土壤、断事用人。课程清晰实用、一学就会、拿回去就能用,图5-2所示即为阿里"三板斧"的全景图。

阿里的管理"三板斧"今天被很多企业模仿,其实背后有几个点是特别值得所有公司学习和借鉴的。

1. 学习管理,先从管理认知开始

"三板斧"是阿里每个管理者从骨干员工转为管理者的必修课,集团会分批安排新晋升或新招聘的管理者上对应的"三板斧"课程。"三板斧"的入门第一课叫管理者的认知和角色转换,整场课程就在探讨一个问题:管理的本质是什么。在阿里看来,管理的本质是通过他人拿结果,所以要成就他人

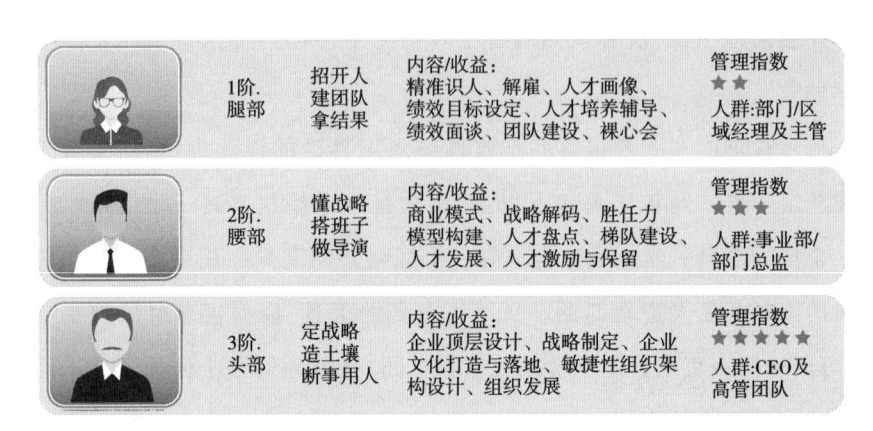

			内容/收益:	管理指数
	1阶. 腿部	招开人 建团队 拿结果	精准识人、解雇、人才画像、 绩效目标设定、人才培养辅导、 绩效面谈、团队建设、裸心会	★★ 人群:部门/区 域经理及主管
	2阶. 腰部	懂战略 搭班子 做导演	商业模式、战略解码、胜任力 模型构建、人才盘点、梯队建设、 人才发展、人才激励与保留	★★★ 人群:事业部/ 部门总监
	3阶. 头部	定战略 造土壤 断事用人	企业顶层设计、战略制定、企业 文化打造与落地、敏捷性组织架 构设计、组织发展	★★★★★ 人群:CEO及 高管团队

图 5-2 阿里"三板斧"全景图

成功。有很多领导都是从顶级销售,或是从非常厉害的产品经理、程序工程师、技术员等提拔起来的,当坐上管理者这个岗位,成为管理者的时候,并未明白管理的本质,只是单纯认为以前是自己干,现在要带着团队一起干,所以即使团队的人干的没有自己好,也不认为是管理的问题,只会撸起袖子自己干,其实这不叫管理,管理是要让团队拿到结果。那么如何做到管理呢?这就需要去赋能他人,成就他人成功,在每个层级,成就他人的成功,这便是"三板斧"的内容。

"三板斧"课程在一开始会问所有管理者一个问题:你认为企业中的首席人才官是谁?有三个选项:A. HR,B. 管理者,C. HR+管理者。很多管理者本能的反应是 A 或者 C,在"三板斧"的课堂上会告诉你,正确答案是 B,管理者。领导是首席的人才官,员工成长的一号位一定是管理者。为什么不是 C?因为如果这件事情的一号位有两个的话,那么员工的成长选育用留,最后一定会变成人力资源的事情。所以阿里的"三板斧",第一个需要管理者记住的观点就是:管理者是员工成长的一号位。这句话并不是替 HR 甩锅,而是在厘清双方的职责。HR 是做机制建设和制度保障的,可是每天带着员工成长,与他们朝夕相处的是员工的直接上级,所以管理者才是首席人才官。

2. 讲清楚管理和领导的区别

很多公司在讲管理课程的时候,特别喜欢用领导力培养体系这样的字眼,其实仔细思考一下,管理和领导这两个概念是不同的,所谓的领导力和管理能力,是有差别的。管理能力是靠机制驱动,领导力是靠价值观驱动。所以对管理者进行培养的时候,第一步在组织里培养的是管理者的管理能力,包括任务、协调、分工,这些都是技能,技能是通过实实在在的方式可以学会的,而领导力除了管理能力的内容之外,还包括个人领导魅力,有时候一个领导力很强的人,比如顶层的高管,其很重要的是一个有领导魅力的人,可是这种魅力并不是通过培养产生的。例如腾讯创业时腾讯"五虎将"跟随马化腾,这就是典型的领导力,优势就是天生吸引人的魅力,很难靠后天去培养。

所以大部分组织里尤其是基层的管理者,比如主管、经理、总监这个层级,先要提升管理能力,因为管理能力包括组织任务的计划、分工、协调、赋能、激励,培养这些具体的管理动作,而管理动作是直接可复制和可培养的,这就是二者之间的差别。

3. 强调管理大图,打好管理基本功

管理"三板斧"最大的特点是带给每个层级的管理者清晰且容易记忆的大图,即这个层级一定要实实在在学会各项管理的基本功,同时每个课程都有容易落地的管理工具,让管理者听毕,回去就会用。比如基层管理者的第一"板斧"叫招开人,做管理第一要学会招聘,如果连招聘都不会则后面的管理动作便毫无意义,因为把时间用在了不合适的人身上。许多管理者自认为很会面试,经常出现此种情况,即与人聊了 30 分钟,而不是面试了 30 分钟。因为面试是有结构化的设计,所以面试的前提是从有清晰的人才标准开始的,厘清自己的人才标准,才是筛选到可靠简历的第一步,而人才标准是如何建立的呢?可以按照下面这个模板,从能不能、愿不愿、合不合三个方面展开。在招开人的培训上,阿里强调实操和落地,所有内容都拆解成基于面试场景的培训,比如不会单纯强调 STAR 或者 BEI 面试,而是从开场应该从哪三件事切入、结束面试话术如何做、哪些言行举止面试时候不能有、如果遇到心意的候选人如何贩售梦想这些点入手,管理者一听就会,回去就能用。

第二板斧建团队,如何建团队？核心是打造团队氛围,打造团队文化,此处介绍一个比较有用的工具,阿里经典的组织能量打造工具——裸心会。裸心会如何做得好,一部分是依靠专业引导师(常常是组织中的 OD 或者 BP 的角色)的设计,但更重要的是管理者在这个过程中要带头打开内心、充分倾听、不予以指责,而是更多地予以教练式的引导和倾听,这都能够为组织带来更好的氛围,也是让员工说真话的一个很重要的前提。所以裸心会是实现上下同欲的有效工具,当员工愿意说真话,组织才能有一个充分沟通信赖的氛围,这个氛围的建立会对后续业务开展真正产生效能。

最后"一板斧"拿结果,拿结果的核心是三步——定目标、追过程、得结果。定目标是教会管理者如何给自己和团队定好绩效目标,很多员工会抱怨自己的岗位很特殊,岗位绩效无法量化,其实没有哪个岗位绩效是不能量化的,员工只是不会而已,教会员工定好自己的目标,就是管理者赋能他人的关键能力。定好目标,绩效管理的闭环就完成了一半。另一半靠追过程,很多管理者定好目标就开始散养,依靠员工的能动性、自主发挥去完成,不问过程只问结果,这种情况常常是无法拿到结果的,管理者需要在过程中对员工的技能、知识、应用程度进行跟踪、辅导、反馈,具体的操作包括早启动、晚分享、陪访、周报月报、正式面谈、批评、表扬等措施,只有过程追得紧,才能最终拿到结果。

阿里的管理"三板斧"是阿里组织能力打造最经典的工具之一,除了课程类的"三板斧",还有结合实操课程做的四天三夜或者三天两夜式的"三板斧"，课题式的"三板斧"分为业务"三板斧"和管理"三板斧"两类，常常是每天十几个小时连轴转，每天睡觉时间仅仅有六七个小时，甚至更少，"三板斧"的工作坊结束后，需要有实战内容的产出，同时每天晚上还会有"721"的淘汰，不是模拟，而是被打"1"的学员立刻离开培训，不能继续参加，所以不仅拼脑力，更是拼体力和心力。

管理"三板斧"其实要从组织的角度去看待管理。组织是什么呢？组织是一个系统，组织的持续发展，保持它的健康度和生命力，需要两个关键要素，一是业务的管理能力，二是 HR 的专业能力，二者缺一不可。所以管理"三板斧"是一门非常有组织韵味的管理课程，因为底层逻辑相同，帮助管理者和 HR 打通思维，很多公司的人才管理做不好，是因为大家都认为管理是 HR 的工作，不认为与管理者有关，阿里就是利用管理"三板斧"，打破了这个认知局限，真正实现了人才和组织的统一发展。

本章知识点精华

（1）成人的学习需要符合"721"原则，70%来自岗位上的实践和锻炼，20%来自同伴，10%来自课堂的培训、阅读等个体学习的方式。

（2）个人发展计划 IDP 的使用应该以支持业务达成为前提，目标制订合理、过程辅导到位、跟进有力才能真正落地 IDP。

（3）导师制在落地的过程中有三大核心点：导师的选拔、导师的培养和导师的激励。

（4）管理"三板斧"是一门具有组织发展韵味的管理课程，阿里正是借助干部的管理体系，实现了 HR 与业务的同频共振，最终推动了组织的发展。

第6章 提效利器:借助常见的OD工具提升组织效能

6.1 组织发展的本质

如果从学科来界定,人才管理体系中很重要的组成部分是组织发展,组织发展也是今天讨论的最为激烈的一个话题。而阿里的 OD 凭借着及时落地以及与业务高度相关等标签,一直都是业界效仿的对象。来看一个学术上的定义:OD 是组织应付外界环境变化的产物,将外界压力转化为组织内部的应变力及解决问题的能力,以改善组织效能。在人力资源方面,它能通过参与、增加成员的激励水平,来提高士气和满意度。

具体的含义可以分为三层。第一层,OD 是一个变革的过程。OD 通过利用行为科学的技术和理论,在组织中进行有计划的变革;在外部或内部的行为科学顾问的帮助下,为提高一个组织解决问题的能力及其外部环境中的变革能力而做的长期努力就是组织发展。

第二层,OD 是一个系统过程。组织发展是集数据收集、诊断、行为规划、干预和评价的系统过程,致力于增强组织结构、进程、战略、人员和文化之间的一致性,开发新的创造性的组织解决方法以及发展组织的自我更新能力。

第三层,OD 是实现组织变革的手段。人才管理者要去做 OD,前提要懂战略,所以这也是为什么很多公司的组织发展如果是纯粹的企业人力资源管理者很少能够开展得如鱼得水的根本原因,OD 必须使其方法与组织所使用的战略相适应,需要一整套新的干预方法与传统组织发展实践活动相适应。OD 源自组织行为学,跟组织变革、组织创新紧密相关。

阿里对于组织发展的认知,在应用上可以从五个层面介入。层面一,结构——职能层面,聚焦于成员的角色和职能上;层面二,绩效——目标层面,聚焦于策略和目标发展上;层面三,助益层面,聚焦于不断变化的工作行为和关系/流程;层面四,人际层面,聚焦于感受和关系;层面五,内心层面,聚焦于自我感知。

这五个层次的解释如果仅从纸面意思难免会觉得晦涩难懂,但它本身就是组织发展最底层的逻辑,所以这也是为什么 OD 是介于传统的人力资源六大模块之上的领域,甚至很多观点认为 OD 不等于 HR,因为 OD 关注的不再是 HR 的基础模块,它关联的是组织战略、组织设计、组织激活、组织干预、组织变革等,是人才管理者们要获得的高级技能。

如果拿着咨询公司的 OD 理论,不仅无法落地,业务部门更无法理解,所以在尝试组织发展系列动作的时候,需要做非常接地气的处理,用 HR 和业务都能懂的语言体系,回归组织发展的本质。那么 OD 的本质是什么呢？是为了提升组织的有效性,OD 的根本解释就是为了提升组织的有效性而进行的一系列的、有计划的干预措施。

6.2 组织诊断神器——阿里六个盒子落地与实践

说到组织诊断,就不得不提阿里的六个盒子。六个盒子是 1970 年韦斯博德率先发明的,后来被阿里广泛应用在组织的理解和诊断当中,并因为阿里的标杆效应,而让这个工具在组织发展界被广泛应用。

六个盒子的应用要从理解组织和业务的关系开始,阿里对于业务和组织的关系一直用八卦图这种最清晰的展示来理解:业务为阳,组织为阴;阴阳结合,相生相息。所以管理一个组织,管理者其实就在考虑两件事:组织跟得上业务吗？业务跟得上组织吗？

在今天的企业管理场景中,很多时候业务跑得很快,组织跟不上业务,因为踩对了风口、抓到了赛道、吸引了一波流量,业务迅速扩张,大量的岗位空缺出来,但组织中人的能力不足,因为缺人,于是揠苗助长,经理被提拔为总监,主管被提拔为经理,员工被提拔为主管,组织的整体质量和数量都无法满足,就是典型的组织跟不上业务。

还有一种情况刚好相反,很多公司下很大的成本、出很高的薪酬搜罗到了市面上的精兵强将,用超高的人才密度,准备大展拳脚、大干一番,可是并没有好的商业模式支撑,最终树倒猢狲散,就是典型的业务跟不上组织。

这两种情况如何解决,要回答这个问题,需要先深度了解组织的现状,组织诊断是所有 OD 的开端。在阿里,有句话叫无论业务怎么变,六个盒子跑一遍。六个盒子是所有从事人才管理的人员要掌握知必学的组织诊断工具。

这个工具什么时候可以用呢？在阿里大概分为以下三种情况。

> 第一，新团队摸底。新加入一个业务团队，或者团队新来了一个领导，想全面了解一个团队的整体情况，组织诊断是高效的工具。
>
> 第二，组织中调频。组织的发展或者业务的发展出现了瓶颈和问题，可以用六个盒子和关键人对话，进行深度组织盘点。
>
> 第三，组织架构调整前。此时可以用六个盒子去梳理现状，找到调整后的目标。

简单来说，组织诊断就像去医院做体检，医生会先安排做 B 超、拍 CT，就是为了找到症状所在，再开处方，而六个盒子就是拍 B 超的过程，看一下所在的组织到底哪里生病了。

但在企业真实的人才管理场景中，会进入到一个对组织认知的误区，就是头痛医头、脚痛医脚，只看到单点的问题解决方案，比如销售团队的士气不高，就拼命做团建、做鼓动，但结果常常无效，因为可能是销售人员缺乏必要的销售技能，而非士气不足，所以六个盒子之所以有六个盒子，是它提供了一个完整的组织诊断的维度。2010 年阿里把六个盒子引入国内，后来被很多企业效仿，成了最热门的组织诊断工具之一，它最大的价值在于，六个盒子是一个四合一的工具。第一，盘点工具，可以对组织的现状进行盘点。第二，诊断工具，可以帮助业务管理者和 HR 建立一个全面的组织视角，因为组织一旦出现问题，原因常常不止一个，就需要从不同的角度去看，才能看清楚问题的本质所在，从而发现每个关联部分的内在关系。第三，沟通工具，如何与业务对焦，要从哪个点切入和搭档沟通，就可以借助六个盒子，对组织状态开启有效的沟通。第四，平台工具，组织中所有的人员都可以通过六个盒子站在一张图前去讨论，所谓一张图，就是站在同一个平台看全景。如图 6-1 所示，即为六个盒子组织内部开展有效诊断的平面图。

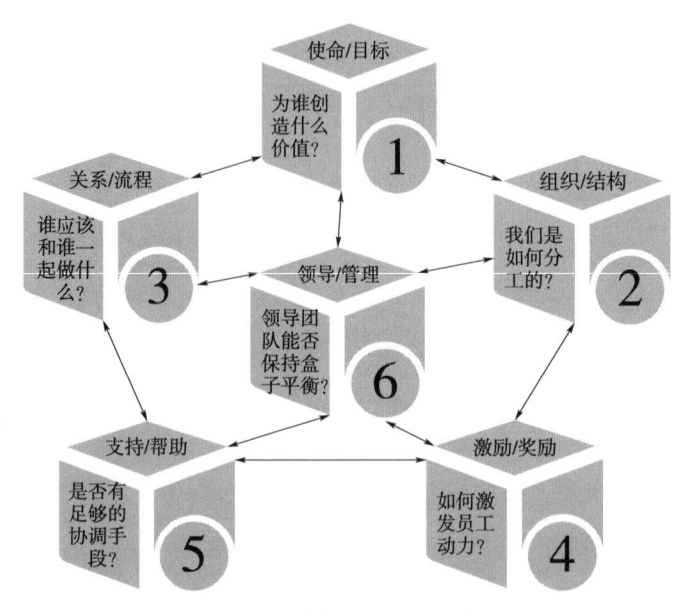

图 6-1 组织诊断工具——六个盒子

六个盒子中每一个盒子都会对应两个要素,一个是虚的,一个是实的。比如使命、组织、关系、激励、支持是虚的,而目标、结构、奖励、工具是实的。一个是硬的,一个是软的。硬的部分往往跟管理能力有关,是极度理性的部分,比如目标、结构、流程、奖励、工具等,软的部分跟领导力有关,是感性的部分,比如使命、组织、关系、激励、支撑等。

这六个盒子到底该如何应用呢,接下来一个个展开来看。

第一个盒子是使命和目标。首先,在做组织诊断的时候,六个盒子的顺序是不能颠倒的,所以组织诊断一定是从使命和目标开始。而这中间,目标是一个个的具体数字,是理性的、硬的,而使命是我们为什么而存在,是软的,使命和目标在诊断时,要了解以下三件事情。

(1)明确性:企业的目标和使命是否足够明确,公司中的每个员工是否知道。

(2)一致性:指企业上下的目标和使命是否一致。

(3)认同度:员工对这个使命和目标是否理解、认同和执行。

人才管理者在询问员工这个盒子问题的时候,可以这样问:

(1)我们团队的目标是什么?为什么是这个目标?

(2)这个目标是在什么样的情况下确定的?

(3)目标中最核心的指标是什么?原因是什么?

上面几个问题看似容易回答,但在实操过程中,能够真正做好的公司并不多,阿里在使用六个盒子的时候,很多BG、BU常常止步于第一个盒子,导致问题重重。所以,很多公司的组织问题,都是因为第一个盒子没有理顺,出了问题,在这个盒子上常见的问题包括但不局限于以下几条。

(1)领导觉得说清楚了,团队觉得没说清楚,又没人问,也就没人去澄清。

(2)高层、中层、基层声音不一致,负责诊断的人员问高层、中层和基层员工,发现答案不一致的时候,大概就知道问题出现在哪里了。

(3)使命目标是业务人员自己的主观想象,外部视角不足,比如客户、竞争、行业的视角都没有考虑进去。

(4)只谈具体工作,只会制订目标,不谈使命、愿景,组织中的员工是执行的工具,没有做到视人为人,团队很多情绪在台面下,无法凝聚人心,也就无法达成目标。

(5)当目标达成不顺畅或者无法达成时,便会怨天尤人,继而敷衍塞责、互相推诿,没有意识到需要改变的恰恰是"自己"。

第二个盒子是组织和结构。在这两个因素中，结构是硬的，更多是指组织架构的形式，比如直线型、职能型、事业部型还是矩阵型，而组织让团队里的人通过某种方式一起工作，是团队中沟通、交付、信息流传递的方式，是软的，这个盒子最关注两个问题：团队是如何分工协作的？日常组织形式是什么样的？具体的提问包括以下内容：

> （1）你们是怎样开周会和月会的？
> （2）团队里的信息如何共通？当出现问题时如何解决？
> （3）我们的组织结构如何？能够支持当前的业务吗？
> （4）这样的结构什么时候最容易出现问题？曾经出现过哪些问题？

关于组织和结构的三个关键着眼点，也是诊断时的把握方向，需要知道组织架构的本质是什么？组织架构本质是解决两件事：第一、权力，组织架构图在眼前是虚线和实线，背后隐藏的都是权力分布，包括部门、职位及个人，所以组织架构核心都是权力的具体分布方式，有时候架构动起来为什么会难，因为动的都是人的权力，权力代表着资源，资源代表着利益。第二、业务实现的路径，组织的设置其实背后都是业务通过具体的阵型来落地和实施。另外，谈组织架构要和人分开，先看组织再看人，要因岗设人，减少因人设岗。没有什么架构是绝对的领先，今天社会上有一些偏见，貌似小前端、大中台或者矩阵制就是更先进的生产力的代表，其实不然，直线型、职能型、事业部型都是不同阶段和不同规模企业适用的好架构，各有优点，也各有不足，能够支撑业务发展的架构本身就是最好的架构选择。

第三个盒子是关系和流程。流程是硬的，关系是软的，有些部门之间永远有冲突，比如销售部和市场部，一个要赚钱，一个要花钱，但他们的关系可以处理得很好，因为关系不是基于个人的恩怨，而是基于目标的一致；一个组织中关系和流程中的利益相关者很多,比如投资者、客户、员工、社区与监督机构、合作伙伴、业务管理者都可以包含其中,所以一个组织中的关系包括部门和组织、部门和部门、个人和个人、个人和岗位、组织和外部,关系流程的核心关注点有三个,彼此依赖的程度、关系质量、冲突管理方式,具体操作时的提问可以从以下方面入手。

(1)团队中重要的合作关系(内部、外部)有哪些?
(2)我们的客户和相关利益方是谁?
(3)客户对我们的流程满意吗?出现过什么样的问题?
(4)我们团队中重要合作关系的现状如何?

第四个盒子是激励和奖励。奖励是硬的,是物质的,激励是软的,是精神的,奖励和激励是需要在不同的时间点结合使用的,如果一个组织只有奖励,所有人都会以太过物质为导向;如果一个组织只有激励,难免落入画饼而不兑现的非议之中。组织通过设计适当的外部奖酬形式和工作环境,以一定的行为规范和惩罚性措施,以有效实现组织及其成员个人目标的系统活动,比如薪酬激励、职业安全、持股激励、危机激励、目标激励、行政激励、荣誉激励等,来激发、引导、保持和归化组织成员的行为。通过第四个盒子的问题,就可以知道员工对于现行的薪酬、奖励制度的知情度和满意度,在这个盒子中最应该了解的核心关键点有以下三个方面。

(1)组织是如何激发员工动力的。
(2)员工会明确知道三个问题:为何而做,怎么做会被奖励,怎么做会被惩罚。
(3)如何做到公平和团结。

第四个盒子具体的问题包括以下内容。

> （1）我们的奖励和目标的关系是怎样的？是否有激励员工的事情我们没有做？
>
> （2）你认为你会因为做了什么而被奖励或者处罚？或者因为没做什么而被奖励或者处罚？
>
> （3）你对管理者的感受是如何的？

第五个盒子是帮助机制，包括工具和支持。工具是硬的，支持是软的，这个盒子的核心就是了解体现客户价值输出的支持机制及其现状，组织的业务流是否僵化，风险把控湮灭了创新点，高层无法听到一线的声音，这些都是帮助机制的核心，每一个问题都可以让员工举例说明，由此更详细地了解情况，来判断组织的帮助机制到底是发挥了正向作用还是负向作用，是否帮助业务运转顺畅，是否有足够的协调手段。

在第五个盒子的提问上可以问以下问题。

> （1）哪些机制被用来监督工作？效果如何？
>
> （2）我们公司的预算与风险控制起到作用了吗？
>
> （3）对于一些未曾预料到的事件，不管大小，它们是如何被处理的？

第六个盒子是领导和管理。管理是硬的，要有规划、有节奏，让一支团队按照既定的方式来实现目标，但领导是软的，是通过使命驱动，突破边界去创造无限可能。比如打仗，排兵布阵是硬的，但如何在冲锋的时候激励人心，让大家不顾一切向前冲就是软的，所以领导者是靠价值观驱动的，是鼓舞和奖励、变革和创新，是寻找志同道合的人。而管理者是靠机制驱动的，是计划、组织、协调,看重的是强执行力,寻找的是下属。所以领导者有追随者,管理者有下属,这是他们的最大区别。第六个盒子的核心关键点,是要了解以下几个问题。

> (1)组织是否具有完整性。
> (2)我们是如何处理虚拟组织的。
> (3)跨团队合作与本位主义的情况如何,即部门墙是如何被打破的。

第六个盒子的提问方式包括以下问题。

> (1)我们的团队是一个完整的团队吗?
> (2)面向五个盒子,我们做得如何?
> (3)我们习惯性地关注了什么?我们习惯性地忽略了什么?

很多企业都会有一个问题,就是有高管但没有高管团队,这个问题用来确定组织是否有共同的智慧来决定企业的问题,而不是靠老板的个人判断、一言堂,第六个盒子之所以处在中间,就是因为它是用来平衡其他五个盒子的,第六个盒子可以从总体来看,企业的根源问题在于管理和领导。

以上是对六个盒子的具体理解,在具体应用后,组织诊断可以用问卷法、调研法、工作坊等不同的方法。如果要具体操作,可以分四步走。

第一步,业务管理者访谈。请和业务管理者对公司、BU、分中心、负责的业务线运行一次六个盒子,记录业务管理者对每个问题的回答,同时请他对每一条打分,如果认为做得好的,记1分,做得不好的或者没有做的,记0分。这里注意两点,六个盒子一定是通过访谈而不是问卷来做的,因为最核心的是记录他们对每个问题的回答,而不仅仅是打分;如果有些问题觉得有的部分做得好,有的部分做得不好,那么把做得好的和不好的地方记录下来,但打分还是记 0 分,没有 0.5 分。

第二步,员工访谈。就六个盒子的每一部分对员工提问,记录他们的回答,如果认为做得好的,记 1 分,做得不好的或者没有做的,记 0 分。员工访谈不需要全员访谈,时间和成本太高,没有必要,访谈三类人即可——新人、关键意见领袖(KOL)和核心业务骨干。访谈的人数一般在总人数的 15%~30%,视时间和工作量而定,只要认为已经获得了充分的信息,那具体数量的把控就可以,访谈的过程尽量多问案例。

第三步,分析诊断。业务管理者和员工问题回答是否一致?打分的差异在哪里?公认的组织好的地方在哪里?需要改进的地方在哪里?管理者和员工认知的差异点在哪里?为什么会有这样的差异?

第四步,改进计划。后续要如何做?图 6-2 所示为 KISS 行为改进法,K 表示接下来需要保持的是什么,I 表示需要改进的是什么,S 表示需要马上去做的是什么,S 表示需要马上停止的又是什么。

通过这四步,就完成了一个访谈法主导组织诊断的过程。

图 6-2　KISS 行为改进法

同时,阿里之前在运行六个盒子时也曾遇到一些误区,整理如下可以避免我们重蹈覆辙。

> (1)过度聚焦。六个盒子是一个整体的诊断工具,问题不会出在一处,六个盒子都要诊断一遍。
>
> (2)过度简化。六个盒子是诊断、是提问、是分析,而不是打分,注意一定不要把六个盒子做成调研问卷,分数最低的并不一定是我们组织的根本问题,这个是需要访谈深度了解的,同时不只是为了输出报告,或者聚焦结论,还要看接下来怎么改进,怎么行动。
>
> (3)过度排序。六个盒子之间本身是平等的,问题没有高低贵贱之分,没有某些重要某些不重要,它都是整个系统不可或缺的一部分。
>
> (4)过度理想。在诊断的环节,如果要用工作坊的方式来与业务管理者对焦,那至少要预留充分聚焦的时间,因为每一个盒子展开都有很多细枝末节的问题,没有一次会议用一、两个小时能运行完所有的盒子,所以实操时至少需要预留大半天的时间。

总结一下,OD的起点是做好组织诊断,而诊断的最好方式就是提有质量的问题,并且从整体寻找解决方案,所以六个盒子就是一个系统的分析和判断的工具,通过六个盒子,综合性地知道组织的病症在哪里,后面才能有针对性地对症下药。而六个盒子也正是从系统的角度解决了组织整体视角的问题。

6.3 团队共创神器——如何让头脑风暴更高效

六个盒子是用来做组织诊断的,那知道了组织的问题所在,就需要有针对性地去破局,给出一个阶段的规划和方案设计,共同开启新一年、新一季度或者新一阶段的规划，这就是共启愿景。阿里的共启愿景不仅仅是去做工作规划，还要去启动人心，让组织中的成员认同战略，共同创造出相应的计划，所以不仅是启动能力，更要启动能量，这个章节就重点介绍阿里在用共创共启愿景时的关键点。

要了解什么是共创，共创不是讨论？也不是简单的群策群力，它是一种让团队中的每个个体可以真实分享、真诚探讨，一同去寻找答案的过程。会议是共创的承载体，在面对具体业务场景时通常以会议的方式达到共创的效果。所以，共创可以理解成如何更高质量地开规划会。

共创的形式很多公司都在做，比如行动学习、头脑风暴，但在操作这种项目时经常会遇难到要么有人不发言，要么发言不着边际、漫天讨论的情况，最后浪费了时间，共而未创、创而无果。

那么一场高质量的共创需要做到什么呢？阿里在做共创时有几个必学的关键词：广泛的个体、知识的分享、真诚的讨论和开发的场景。

适合开共创会的情况可以分为九大场景，按照两个维度来划分，第一个是按照业务周期的维度来分，比如组织处在初创期，还在探索组织的使命、愿景，在第一轮战略形成共识的时候，或者组织进入到变革期，要去做变化推动；又比如共创是与客户相关的，是对客户价值的探索，对用户体验的探索；再比如推出新的业务创新模式，探索新的业务品类或者在复杂业务迷茫期，这些都是与业务场景相关的共创。

另外还有四种是跟团队相关的共创，一个组织的运作一定是和内部、外部的合作共同作用的结果，所以什么时候可以用到共创呢？有四种情况，团队组建和整合时，团队信任连接期和鼓舞期，跨团队协作出现困难，比如常说的要打破部门，让跨部门协作更顺畅的时候。最后一种不是部门间的，而是组织内部的，感觉到组织团队员工动力不足、工作积极性下降、激情不够等，都可以用共创来连接人与人、人与事之间的关系。

第一,确定共创的发起人是谁。通常有两类人:一类是业务的负责人,当业务按照周期出现相关的问题时,就可以用共创来解决。另一类是人力资源管理者,HR 的发起一般是从组织氛围和人才角度出发的,所以共创讨论的主题就两个:业务方向和团队氛围。

第二,共创的执行者是谁,谁来搭场子。阿里的共创会很多是"政委"直接承接的,"政委"主要负责承接自己业务团队的共创会。另外一种是面向中高层管理者的共创会,需要更好的促动能力,就需要更专业的组织发展专家。

第三,共创的参与者是谁。内部为业务团队成员、同部门的管理者,外部可以是同层级或者跨部门、跨 BU、跨分中心、跨分公司的管理者,当然在有些情况下,客户也是一个很好的视角。

整个共创会从前到后的流程一共分为五步。第一步,需求沟通,共创会的参与者需要提前沟通这次共创的核心目的是什么,希望通过这次共创得到什么、改变什么,在共创之前需要先去做组织诊断,了解组织的问题所在,然后再设计对应的方案。

第二步,设计具体方案。具体设计方案的时候,需要确定三个点:首先,共创有四个步骤:分别是打开、创造、震荡和收敛,这四个步骤如何安排,在哪个时间点介入;其次,共创会里面有很重要的引导技术,确定这次共创选择用哪个引导技术;最后,这场共创的引导师是谁,是业务管理者、OD 专家还是"政委",这都需要提前沟通好。

图 6-3 所示为阿里举行共创的四个经典步骤。

打开 → 创造 → 震荡 → 收敛

图 6-3 共创会四大经典步骤

在设计好方案后,进入第三步,实施前的准备,包括参会者需求方的提前沟通、场地的安排、物料的安排,比如大白纸、彩笔等。还要有风险源的提前设置,比如共创会冷场了怎么办,如果有客户参与到共创会,涉及一些不方便客户知晓的议题,客户怎么安置,这些都是风险源的提前控场。

第四步,在具体实施的时候,组织者要关注的是场内的温度,这个不是物理上的热还是冷,是这个共创会参与者的投入度如何,大家是积极倾听、畅所欲言,还是只有寥寥几人在说话,其他人都在玩手机。参与讨论的人的视角是否多元,还是单一切入,是否搭建了一个高质量的对话场。另外,一个共创会至少会持续一个小时以上,哪些节点上参与者很兴奋,哪些节点大家会感觉到疲累,这些都需要做过程的干预。

完成一场共创后,需要就共创做复盘。如果要共创开得效果好,需要预先知道共创的底层理论,我们称作 U 型理论。即找准问题、看透本质、谋定而后动的思维模型。如果在一场讨论中面临一个新的话题,想要有收获,首先做"下载","下载"过去的模式,即对于此问题从前是如何处理的,接下来是"暂悬",就是把之前的经验、模式放到一边,打开一个全新的视角,这如同想要一杯果汁,可只有一个杯子,就需要先倒掉白开水,这就是"暂悬"。然后去观察这个场子里其他人是怎么说的、怎么想的,逐渐从观察到感知再到放下,然后会到 U 型的底部去探索这个问题的本源是什么,它到底在说什么,如果是一个业务问题,自然源头是这个产品为谁服务,客户价值究竟是什么。想清楚这个问题,就会开始接纳新的视角和思维,然后因为意愿上接受,那参与者就会打开自己,去结晶、去具化,最后实施讨论的结果,这就从讨论一个新的问题,转为了具体的动作去落地的全过程。

所以共创不仅仅是谈事,更重要的是凝聚人心、共启愿景,要让大家都看到这件事情的价值,从心底里认同,才会从计划转变为行动,所以组织能力很重要,但组织意愿和组织能量更重要,只有参与者真心认同,才会从开放的意志上升为开放的心灵,上升为开放的思维,在这个过程中去克服恐惧之声、嘲讽之声和评判之声。

共创是一种工作方式,让团队中的每个个体可以真实沟通和交流的方式。实际操作中的流程、技术,都是围绕着构建这样一种"场"来进行的,更具体一点,就是围绕着U型理论的原理。一场共创会有四大经典的步骤,这不是人工设计的,是在一个讨论的场子里,人性自然会经历的四个过程,第一个过程是人刚到一个场地的时候,无论之前是否认识,都不会立即畅所欲言,所以需要一个环节叫"打开";第二个过程是通过一些方式让这群参会的人内心拉近,彼此信任,此时才开始谈事,这就是"创造"的阶段;第三个过程是一旦开始进入具体的事项,大家观点不可能是一致的,因为有不同的岗位、不同的关注点,甚至是不同的利益,所以很多观点可能是站在自己的立场提出的,这就到了"震荡"过程;第四个过程是要有产出,且要有后续结果,所以震荡完毕,最后的阶段要做"收敛"。

在这四个共创步骤里面有很多组织发展的工具可以用来做引导,阿里经常用的几个工具都是快速易上手的,能帮助大家快速去引导好一个共创的"场",包括打开工具生命盾牌、创造工具人生心电图、震荡工具外交大使式研讨,收敛工具等。接下来介绍一下这几个工具的用法。

生命盾牌是在团队"打开"时用的,尤其是团队彼此不熟悉的情形下,它的使用更为合适;如果团队处于"打开"期或者"创造"期进展不顺利,成员需要进一步加深联结,可以用人生心电图;如果团队处于"创造"期或"振荡"期,需要群策群力达成某项业务方案、实现某个创新模式或攻克某个停滞问题时,可以用到外交大使式研讨。

如果想开一个高质量的共创会,会议一开始不要能直奔主题,不要上来就是传统开会的形式,尤其是那种汇报会的模式,某人第一个发言,然后某人又第二个发言,既然是共创,就是一个集体会议,首先要做的是破冰,尤其现场有新的伙伴、大家彼此不熟悉的时候,培训的时候也有很多开场的游戏或者互动,它的目的有两个,一是让大家快速联结,二是浮现这次共创会的目的。里面有个环节很重要,叫自我介绍,生命盾牌这个工具适合完全陌生的团队。

图 6-4 所示为生命盾牌的展示样例。

图 6-4 生命盾牌

具体使用时可以让在场的参与者在白纸上画下盾牌的形状,这个盾牌有三个部分,右上角我是谁,可以写上自己的名字,另外两个部分,要用画的,而不是写的,左上角画上此刻的心情,是开心的、激动的、忐忑不安的,还是无所谓的等,可以画一个表情,也可以画一个杯子,用以表达此刻的心情,亦即空杯心态,来听大家说什么;下面的部分,画出自己的独特之处,比如可以用一个物品或者动物来形容自己,在阿里实操的时候,有的同事会说自己像一只猫,因为敏锐度很高;有的会画一只头狼,尤其是顶级销售,他说我是头狼,要带团队跑得快;有的会画一个太阳,说自己很温暖,给周围带去正能量;还有的会画一本书,说自己的爱好就是看书,知识储备较为渊博等。其实不管是动物、植物、事物都没有关系,关键是能够代表自己。

数分钟每个人都画好后,大家依次来分享,如果人多的话,可以组内分享,通过这种方式,对一个人的首次印象,一定是比站起来说"我是×××""我来自哪个部门"要深刻得多。

如果团队不是全新的,大家平时都认识,可能更多的是工作上的关系,没有很亲密的私交或者是通过生命盾牌已经有交集,进入到谈事阶段,但事情谈得并不顺畅,发现大家都不站在一个维度上讲话,可以用到人生心电图这一工具。

人生心电图的核心目的是帮助彼此看见,有三个适用场景:探讨个人愿景;开启探寻团队愿景的前奏;深度团建。具体的操作方式是:在场的每一个人拿一张白纸和彩笔,横轴按照真实的年纪,每七年画一个节点,比如7岁、14岁、21岁、28岁、35岁、42岁、49岁等,按照实际年纪是几岁就画到几岁,如果是28岁,那就画四格,如果快要35岁就画5格,然后纵轴从零点开始,向上是正向的1~10,向下是-1~-10,回顾一下在每七年里面,发生过的对个人影响最深的、最重要的人,最开心的、最快乐的时光,就是人生的高光时刻,而那些悲伤的、难过的、沮丧的、痛苦的就是人生的至暗时刻,发生在哪个年龄就标注在相应的刻度,开心和难过的程度按照-1~-10打分,标注关键点,然后把这些关键时刻连到一起,就会形成每一个人的人生心电图,每个人的心电图都是起伏不同的,有在0~7岁的童年期就有起有伏的,也有开始人生一直很顺畅,到了21岁之后突然有一个大的挫折,中间有高开低走或者低开高走的,这些都代表了我们每一个人的人生故事。接下来,大家可以围成一个圈,彼此来分享自己的故事,这些故事背后重要的不是经历了什么,而是这些经历对自己意味着什么,当一个人愿意敞开胸怀去跟别人分享自己的人生故事,也是这个组织建立信任的开始,因为每个人都不再是社会里的工作人,而是由亲情、友情、爱情包裹着的一个个生动鲜明的个体。

所以共创会与之前会议最大的不同,在于不仅理性地关注事,也感性地关注人,要用这些工具,就要懂人心、识人性,先提升组织能量,再提升组织能力。

当信任建立了,联结也有了,那就需要真正的观点碰撞和创意迸发了,如何让团队的讨论更有质量,让更多的观点可以通过震荡而有产出,需要群策群力达成某项业务方案、实现某个创新模式或攻克某个停滞的问题,就要用到外交大使式研讨的引导方式。这种共创的核心目的是通过群策群力的形式达成业务命题、组织创新议题、形成行动策略。操作步骤如下。

> (1)参与者分成不同的小组,选出组长。
> (2)在每组内,组员就分配的主题来分享各自的观点(每组的讨论主题都与其他组主题不同)。
> (3)将组员打散,组长留下,其他成员混编成新的小组(每个新成立的混编小组都由来自不同小组的大使组成)。
> (4)每一个大使进入到新的小组去分享。
> (5)当所有的大使都分享完他们的想法后,请他们返回各自的小组,简要说明他们学到的东西。
> (6)组长进行本组成果方案的分享。

上文看起来过程似乎有些复杂,我们不妨将其放在一个具体的案例里呈现,这个案例首先需要有一个主题,例如今天一群人要讨论的话题是:新员工如何能快速融入公司,顺利进入工作状态,在一些公司即为新员工的培养计划。

在一个新员工从入职到胜任岗位的过程中,有四个关键人物:新员工、主管、导师、HR。第一步,把在场的人进行分组。如果有24个人,就分成4组,每组6个人,然后一个组担任一个角色,也就是一组是新员工本人,一组是主管,一组是导师。一组是HRBP。

第二步,每组内的成员就主题来分享观点,比如新员工组,大家依次发言,从新人的角度讲讲作为一个新人,希望公司提供什么帮助、培训;HRBP组,可以讨论从HRBP的角度如何帮助新人落地。保证每个组的探讨题目都与其他组是不一样的就可以。

第三步,每组组长留下,其他员工作为外交大使加入到一个新的组内去讨论,成员一定要打散,有的去 A 组,有的去 B 组,大家不是整组置换,是打散去参与,这样每个新成立的小组,就既有主管、又有新员工本人、又有 HRBP、也有导师,大家都是一个外交大使,开始在新的团队里面去做分享,这个过程是最重要的,因为以前每个人都是站在自己的角色上去考虑问题,打散之后,每个人都能听到其他角色的声音,彼此听到利益相关者的想法,就会发现原来 HRBP 本来是这么设计,但新员工他们的诉求却大不相同,而主管关注的又是另外一些观点,这样多元的观点就会涌现出来,不同的信息会帮助决策更加科学,不再草率,继而关注到每一个相关者的诉求,从而找到以需求为目标的方案。

一般换组的设计可以根据时间多做两轮,如果时间充裕的话甚至可以做三轮,彼此交流得越充分,可以获得的信息越多,后面的方案就会越完整。

第四步,外交大使回到自己一开始的分组,把他们收集到的信息一起共享,反馈给组长,组长进行本组成果方案的分享。

这样,借助外交大使式的研讨,就可以得到一个结合了四个维度的新员工顺利工作的方案,视角会丰富很多。

共创结束后,还要有检查环节,其目的为:浮现和开启,回顾一下今天刚来的时候要讨论什么,现在是否已有结论。接下来要如何做,是否开启新的主题。具体的操作上可以让每个人说一句话或一个词,来总结一下今天的感受或者收获。当然,更具仪式感一点可以用金话筒和发言球,比如准备一个小球,大家围成一个圈,小球不是按顺序传递的,可以按照你的兴趣丢给任何一个你想听他发言的人,只有拿到发言球的人才可以讲话,来做一个收尾。

到这里共创的四个步骤和几个工具的使用便先结束,最后用一个案例把前面的整个共创流程串起来,看一张完整的大图。

以上是阿里一次年度业务共创会完整的步骤,这次共创会的背景是新的财年要推一个新产品,参会人员除了原来团队的人员之外,还有新招的产品线负责人,因为是新产品上市,所以还邀请到了客户。

所以,对于一群新人来说,共创的第一步是"打开":选用的工具是生命盾牌,当然根据情况使用人生心电图或其他暖场活动都可以。

第二步是"创造":设定基本事实——根据市场数据、客户与员工的洞察来识别和确认变化的信号,来探讨新产品的市场定位、目标人群,主要的客户价值等,这里面很重要的一点是,需要提前去确保参会人员是有针对性的,每个人都可以谈出自己的观点,例如这次会议选取的对象就是业务相关方、业务领域专家、HRBP 和客户。

第三步是"震荡",震荡的目的是深入了解客户的需求和痛点,集体探讨潜在的产品方案,所以实操的时候做了两轮:第一轮,邀请和组数相同的客户,讨论与客户一起,请客户提新的需求和期待,有专人做过程的笔记,确保客户的问题得到了正确的理解;第二轮,请客户离场,内部团队自行进行,利用外交大使式研讨进行讨论,推动更深层次的分析,寻找解决方案。

第四步是"收敛":制订一个落地的计划和具体的行动方案,方案能不能最后落地,"三个一"很重要:一个愿意担当的领导、一个将思想付诸实践的支持团队、一个执行工作的机制,确定好之后便可以收尾。

有一个很重要的环节是共创结束后的跟进:找试点,做用户反馈,包括月度或季度的复盘。

6.4 目标跟进神器——阿里管理者必备的复盘

"复盘"是阿里组织发展中必备的工具之一,内部常常称为 review,每一次关键战役后都会做"复盘",每个月、每个季度都会做"复盘","复盘"已经是阿里最重要的人才管理工具之一。"复盘"并不是一个新生的名词,几千年的古人就已经开始在做这件事情了。比如所谓"前事不忘后事之师"、"吃一堑长一智"、"吾日三省吾身",都是"复盘"的初始版本,现在很多企业在用的标准版的"复盘"首先是从联想开始的,因为联想的创始人柳传志非常推崇"复盘",不仅用在自身的反思上,也用在了业务领域。如果一定要给"复盘"一个定义,那么复盘便是一件事情做完之后,回顾预定目标,成功了分析为什么成功,失败了分析为什么失败,把这个过程理一遍,为下一次提供经验参考的完整过程。

"复盘"真正的来源是围棋术语,本意是对弈者下完一盘棋后把对弈过程还原并且进行研讨、分析的过程。它的核心有三个关键词,第一是过去,"复盘"从自己过去的经验中进行学习的结构化方法;第二是亲身经历,自己过去经历的事情是获取信息、对信息进行加工与处理的主要途径;第三是学习,只有落到行动上,才是学习的出发点和落脚地,"复盘"很看重的是行动上的改进。

为什么要做"复盘"呢?有四个原因:让当事人有所反思,知其然也知其所以然;让当事人警惕,同样的错误不要再犯;让当事人提升,传承经验和提升能力;让当事人优化,总结规律和固化流程。

"复盘"的核心价值主要集中在三个方面:第一是个人的提升,因为"复盘"遵循成人的"721法则",成年的学习,不是靠读书、上课这些单纯的方式就可以学会,70%是靠实际工作中的实践,20%是靠与他人的互动,10%是靠个人的学习,这也是符合经验学习周期的。

第二是团队的学习,"复盘"可以帮助团队增加相互了解,提升团队协同的能力,同时"复盘"可以让团队成员相互学习,也有助于知识分享和应用。

第三是组织的发展,"复盘"可以让好的做法快速提炼,形成知识萃取和快速共享,让组织持续改进,激发创新。

很多公司之前一直有做总结的习惯，"复盘"和总结有什么不同呢？

总结是对一定时期工作的梳理汇报，对已发生事件进行回顾描述，无固定模板和结构，是非结构化的汇报；而"复盘"具有明确的结构与要素，必须遵从特定的步骤进行操作，不仅回顾目标与事实，也要对差异的原因进行分析，得出经验与教训，是结构化的总结。

总结是以结果为导向的，往往会以陈述自己的成绩为主，不提或少提缺陷与不足；"复盘"是以学习为导向的，有适宜学习的氛围和机制，包括忠实还原事实、以开放的心态分析差异、反思自我，学到经验和教训，找到可以改进的地方；另外，总结往往是以个人为主，只是个人观点的展现，不可避免地会出现片面、局部和主观的描述；"复盘"是一种团队学习与组织学习机制，团队成员可以通过"复盘"相互了解彼此的工作及相互关系，看到整体，所以更多是以团队为主。

结合上文阐述，总结是对事件的过程进行梳理，对已经发生的行为和结果进行描述、分析和归纳，关注事件的关键点和里程碑；"复盘"除了包含总结的动作以外，还会对未发生的行为进行虚拟探究，探索其他行为的可能性和可行性，以找到新的方法和出路。

"复盘"是结构化的总结，所以它的结构化体现四个标准的流程如图6-5所示。

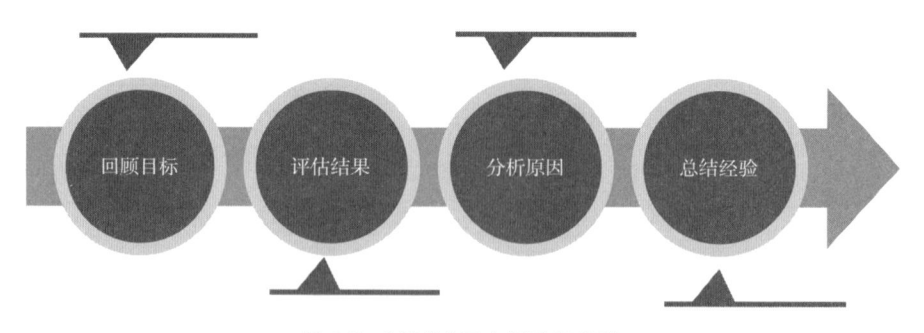

图6-5 "复盘"四个标准的流程

第一步是回顾目标,有效的目标需要有以下四个特征。

> (1)目标清晰、规划有序。
> (2)目标可衡量,最好能符合 SMART 原则。
> (3)团队成员对任务需要达成的目的理解相同。
> (4)对目标达成的路径和方式有策略性的规划。

第二步是评估结果,评估结果有两种方式,一是还原过程——当事人回忆,完整阐述故事,或者事件发生过程中的录音录像等过程记录;二是还原结构——即以最终的绩效数据产出为导向,真实地展现所有的结果数据才是进行"复盘"的前提。

第三步是分析原因,这个环节是"复盘"的精华所在,最关键的是要把核心的部分挖掘出来。在深入分析时常常可以借鉴的工具包括头脑风暴、多问几个"为什么",通常用五个"为什么"的方式追踪到底就能得到真相,同时鱼骨图、增强回路都是很好的方式。在原因的分析上,对于成功事件和失败事件的解剖点往往是不一样的,成功的事件,多思考客观因素,失败的事件,多找主观因素。

第四步是总结经验,经验就是规律的沉淀和总结,是思考结论的偶发因素和必发因素的集合,是给后来者留话,如果这件事情接下来转给其他同事来做,需要移交经验给他,会对他说什么,即为总结经验。

"复盘"的四个部分可以做成一个模板,首先有主题、时间、地点、参加人、活动的概况描述,第一步回顾目标,填写的内容包括做这件事情的初衷和关键结果,底下有对应的提示问题,回顾目标的提示问题包括:①当初行动的意图或目的是什么?②想要达到的目标是什么?③预先制订的计划是什么?④事先设想要发生的事情是什么?

第二步评估结果,评估亮点和不足,提示问题包括:①实际发生了什么事？②在什么情况下发生的？③是怎么发生的？

第三步分析原因，包括成功的关键因素和失败的根本原因，提示问题包括：①实际情况与预期有无差异？如果有，为什么会发生这些差异？②哪些因素导致没有达到预期目标？③失败的根本原因是什么？成功的关键因素是什么？

第四步总结经验，包括关键发现和行动计划，提示问题包括：①从过程中学到了什么新东西？②如果有人要进行同样的行动，会给他什么建议？③接下来我们该做什么？哪些是可直接行动的？哪些是其他层级才能处理的？是否要向上呈报？

介绍完"复盘"的四个步骤后，那么在哪些情况下可以召开"复盘"会呢？

> （1）个人复盘：结合721学习法则，个人记录要点并定期回顾，提醒自己将复盘应用到个人的学习和成长中，可以作为绩效辅导的一部分进行。
>
> （2）项目复盘：刚完成一个重要项目落地，某一次市场推广，某一次关键战役技术，可以花一些时间回忆过去发生的事情，总结经验，为别人及自己以后做参考。
>
> （3）事件复盘：公司内部遇到突发事件，迅速召集相关人员，进行快速回顾、总结。

阿里"复盘"会在哪些节点做呢？第一是大型项目，比如"双11""双12"结束后会有集团层面和BG层面各自的"复盘"；第二是小型项目，比如一次主管论坛、一次培训、一次团建，结束后都是由项目经理来负责牵头"复盘"，相关的业务团队和人力资源团队一定会参与；第三是最平常的，每个员工的绩效"复盘"，前线的员工基本每个月一次，中后台员工一个季度一次，在这个过程中还会穿插实时的过程"复盘"，所以"复盘"在阿里无处不在，而且是时时"复盘",事事"复盘","复盘"是为了快速去调整,调整战略、策略、打法,做到过程追踪,过程好了结果才会好,所以"复盘"是战略追踪的神器。

"复盘"很多公司都在用,里面的具体内容大多为员工自己填写,但凡是工具,难的并非工具本身的逻辑是什么,而是如何让员工觉得这个工具有意义,自发自觉愿意去"复盘",甚至养成工作习惯,这才是推动"复盘"的难点。

作为管理者,如何让这个工具真正落地,如何去推动,这里可以参考阿里总结的推动"复盘"的四步走措施。即自我思考、对焦搭档、推动落地和沟通反馈。具体步骤如图6-6所示。

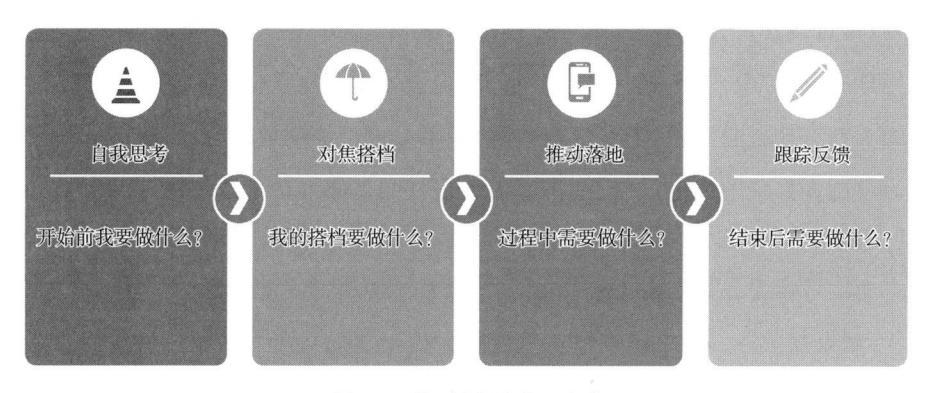

自我思考	对焦搭档	推动落地	跟踪反馈
开始前我要做什么?	我的搭档要做什么?	过程中需要做什么?	结束后需要做什么?

图 6-6　推动"复盘"四步走

"复盘"会在开之前,管理者要先进行自我思考,首先要明白,"复盘"是干什么的,一场好的"复盘"会议一定会挑毛病、有冲突、提问题,但是现场要的不是黑或者白,要的是通过"复盘"会议达到认同一致,然后继续扬帆起航、一往无前的团结氛围。这其中有两个关键点,第一个是协同思考,"复盘"会议是为了提升集体感知的敏锐度,所以业务管理者、HR和员工在一个复盘会议中要做到认同一致、目标一致。例如KPI定得对不对,方法要一致;此时选的方法是否最合适,结果要一致;现在做的事情到底有多大的客户价值,目标要一致。

"复盘"会议的本质是创造一个协同思考的场景,解决认同一致的问题。

明确了"复盘"的根本目的是什么之后,再深入思考下一个问题,即必须参加哪些人的复盘,为什么？谁是可以不参加的？在现场能做什么？是去简单了解情况,还是要提供一些建议？以及仅仅走过场？继而为此提前需要做好哪些准备？

"复盘"会议推动的第二步是对焦搭档,需要和搭档一起对焦四件事:一、"复盘"谁？为什么？如果是绩效"复盘",一定是员工一个个过,如果是项目"复盘",除了核心的项目经理,还要"复盘"谁,产品负责人、技术负责人、运营负责人,要一个个过吗？二、核心"复盘"什么,方法还是结果？三、用什么方式"复盘"？是一对一"复盘"还是群体"复盘"？四、对这个人,不同人都有什么看法,私下了解的信息,是不是可以提前通个气？

确定好了上述四点后,就可以去做复盘的具体准备工作了。

> "复盘"要以核心数据为依据:要去收集相关人员的业绩数据、管理数据。
>
> "复盘"的对象如果是经理或者主管,还要做多角度信息的收集:360°评估、他人反馈等。
>
> "复盘"会上对焦的关键点,需要提前写下来,盯紧探寻的关键问题、逻辑,防止跑题。
>
> 提醒参会人员按照"复盘"的四个流程准备,回顾目标、评估结果、分析原因、总结经验是"复盘"会议中用到的一个工具,但仅凭一个工具无法召开一场高质量的"复盘"会议,这就需要组织者提前通知协助开好"复盘"会。
>
> 当时间、地点、参加人员确定好后,发出正式的邀约邮件。

以上是"复盘"的前期准备,在"复盘"会议中需要注意现场的三个重要问题:

> 从哪里开始:需要主持人吗?谁来当?如何开场?是从主持人开始还是员工直接开始讲 PPT?是先抛出问题和结论还是让员工先讲,其他人开始听?
>
> 从哪里深入:从业务管理者深入还是从 HRBP 深入?从感受深入还是从数据深入?
>
> 从哪里结束:从资源需求结束,还是从鼓励期望结束?有些问题一次讨论不清楚,是否需要再讨论一次?什么时候讨论?

这就是"复盘"现场的三个重点问题。

展开来看,现场"复盘"会议一共有六个步骤。

第一步:开场。"复盘"不是必须有主持人,但组织者可以先给所有在场同事打个招呼,暖个场,创造舒适的、开放的气氛,保障自由轻松的交流,位置最好呈 90°直角,距离不要太远。

第二步:员工自我陈述。汇报评估周期的工作或项目完成情况和能力(注意:严格按"复盘"四个流程),员工可以对自己做自评,对分数和依据进行说明;但上级要注意倾听,对不清楚之处及时发问,但此环节不做任何评价。

第三步:上级主管评价。项目评价商业价值、客户价值,个人评价业绩和能力,注意根据事先设定的目标衡量标准进行评价,而不是基于个体的主观感受。

第四步:HR 及第三方视角补充。HR 可以从组织价值和个人发展进行补充,其他部门参会人从跨部门协同等角度进行补充,所有的评价都要呈现事实依据,有理有据;另外在表达技巧上先肯定成绩再谈不足。

第五步:就改进措施进行探讨并达成一致,然后确认下阶段的工作目标、阶段成果、目标达成时限等。

第六步:所有下个阶段的措施都要有资源配置,比如员工谈资源或培训需求,管理者和 HRBP 给予建议;注意不要给予不切实际的承诺,承诺的事情一定要兑现。

另外,为了让复盘会议更顺利,避免出现不知道问什么的情况,可以将一些常用的主持话术写下来,然后根据会议的阶段选择使用。比如,在一开始澄清现状,可以问:

(1)现在做到什么程度?
(2)当时定的目标是什么?
(3)现在的结果和目标对比处于什么状态?
(4)有没有当时没预计到的结果出现?
(5)有没有当时预计过但没出现的情况?

在中间还原关键决策,可以问:

(1)当初的决定大家是否达成共识?
(2)是否听取了其他人的意见?
(3)我们当时是如何确定执行目标的?
(4)支撑我们当时设置目标的依据有变化吗?
(5)是不是完全按照我们的计划执行的?
(6)为什么×××内容没有做?
(7)我们做对了什么?我们做错了什么?

最后回顾原因、总结经验的时候可以问:

> (1) 对于项目的理解是对的吗？一致吗？
> (2) 我们的动机符合事物本身的规律吗？
> (3) 成功的关键因素是什么？失败的根源在哪里？

另外，如果是新手主持"复盘"会的时候，常见的问题有以下"三多三不"，我们了解后可以提前避免。

常见的"三多"：

> (1) 聊天太多，共识太少。"复盘"会议是有组织、有结构、有产出的，不要变成纯粹的聊天。
> (2) 关注事情太多，关注人太少。只想着工作怎么干好，不关注工作的人，没有做到视人为人。
> (3) 发言人数太多，视角太少。尤其是在群体"复盘"的时候，之所以邀请众多跨团队、跨 BU 的人来，就是为了对同一个问题找出不同的视角、不同的信息，因为只有这样才能看清全貌。

常见的"三不"：

> (1) 不找核心，只找问题。"复盘"会议不是单纯来挑毛病的，而是要去发现问题。例如目标没有达成是机制的问题还是能力的问题？以及意愿的问题？
> (2) 不看当下，只看未来。"复盘"不是单纯地给员工提要求，未来要怎么做，还要看当下有什么资源，怎么来改善。
> (3) 不做跟进，只做报告。"复盘"的结果不是会议结束便结束了，也不是会后助理做个绩效报告或者项目报告——某年某月某日

> 某某某们开了一场成功的复盘会议,然后就没有然后了。"复盘"是需要有跟进、改善和落地的。

所以"复盘"后的动作,最关键在于后续做什么,什么时候做跟进和对焦。

借助"复盘"做跟踪反馈贯穿于阿里发展整体闭环中,阿里人才管理的所有动作,都是围绕着业务的四个核心节点(共同看见、生成战略、集体行动、客户反馈)去落地。"复盘"是其中的一个OD工具,是在战略生成后用的,在前面几个环节还包括共同看见到生成战略之间的六个盒子组织诊断和共创会,从生成战略到集体行动到反馈的"三板斧"、晒KPI、赛马、人才盘点等各种OD的工具,都是整个体系的一部分,所以组织发展的工具是推动人才管理很重要的力量,企业借助OD的组合工具包,来实现懂业务、促人才、提效能、推文化,最终去画好一张图、凝聚一颗心、打好一场仗,在变化中赢得先机。

本章知识点精华

组织发展OD的核心是为推动组织有效性而进行的一系列有计划的干预措施,分为五个层面。

(1)组织诊断是找到组织问题的第一步,六个盒子是从使命和目标、组织和结构、关系和流程、激励和奖励、帮助机制、领导和管理六个不同的系统维度对组织做的一次全面的体检。

(2)高质量的团队共创一共分为四个阶段:打开、创造、震荡、收敛。

(3)"复盘"的底层逻辑是萃取组织经验,结构化"复盘"的四个步骤:回顾目标—评估结果—分析原因—总结经验。

第7章　落地文化：一个模型将文化真正变为生产力

7.1　一句话定义企业文化的本质

企业文化一直是中国企业最关心却普遍做不好的地方。

虽然很多企业在治理过程中都非常关心企业文化，也认为组织方面的建设对于企业文化的建立至关重要，但落地普遍都会遇到诸多困难。而阿里一直都是一个强价值观驱动型的组织，它在文化落地上的很多做法，也被很多企业效仿。阿里历史上所有重大的决定，都与价值观有关，同时也很少有这样的公司，花费大量时间对文化、对价值观进行讨论。

在介绍企业文化前,我们需要知道文化的价值是什么。每个人都知道文化很重要,但文化和生产力到底有什么关系,一些企业却理解得不够深入。其实,一家公司对于文化的重视可以在公司净收入、公司股票价格、员工增长、总收入平均增长率四个维度上远远高于不重视文化的公司,尤其在公司净收入和公司股票价格上的差异显著。所以,一家公司为什么要做文化,因为文化是真实转化为生产力的。

文化是虚的,所以要虚事实做,阿里的成功很大一部分归功于文化,把实的东西虚着做,而把虚的东西做实,做实之后的文化最终体现为"言行举止":它一定是看得见、摸得着、听得到的东西。

什么是战略,战略就是客户价值;什么是文化,文化就是言行举止。

那么阿里究竟如何将言行举止这些看不见、摸不着的事情做到看得见、摸得着呢?在许多公司文化就是做活动、喊口号、贴标语,说好听点叫文化上墙,但真实的情况是这些事情做了之后,文化就真的只在墙上了,并没有实际作用。怎样才能把文化做到员工心里,做成企业的生产力呢?首先需要知道文化建设的底层方法论——即组织文化界非常有名的洋葱模型,如图7-1所示。

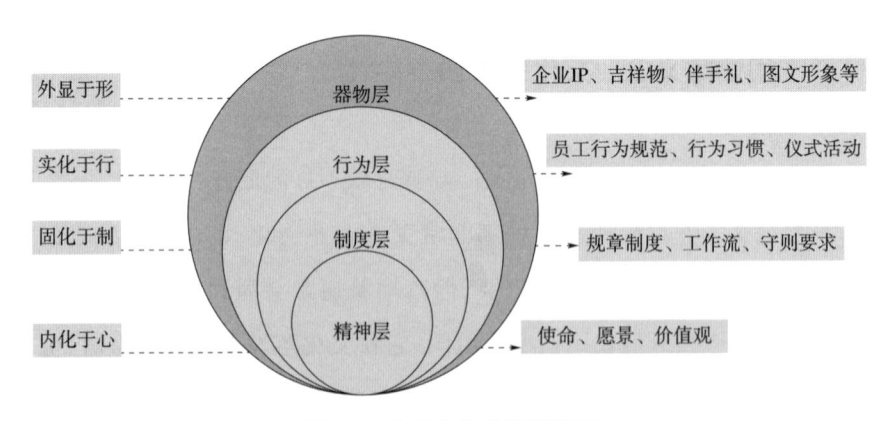

外显于形	器物层	企业IP、吉祥物、伴手礼、图文形象等
实化于行	行为层	员工行为规范、行为习惯、仪式活动
固化于制	制度层	规章制度、工作流、守则要求
内化于心	精神层	使命、愿景、价值观

图7-1 企业文化的洋葱模型

一家企业的文化应当分为四个层次,就像洋葱一样,一层一层往外剥,洋葱最核心的地方是精神层,精神层是什么呢?就是公司的使命、愿景、价值观;再往外一层是制度层,这些制度包括管理规章制度、规范和流程;第三层是行动层,包括员工行为规范、行为习惯、企业仪式活动等;最后一层是器物层,企业视觉识别(VI)、英雄人物、象征物、产品和服务、品牌社会形象等;可以看到,为什么很多公司会觉得文化很难做,或者做了没有效果,就是因为之前的文化更多聚焦于器物层和行为层,以及组织活动、设计口号、设计物料等方面,而把更重要的制度层和精神层部分忽略了。

那么,这里的两环阿里是如何做的呢?

阿里诞生于1999年,二十多年来它的使命一直都是让天下没有难做的生意,这个使命从未改变,但愿景和价值观是会随着业务的发展而发生变化的。1999年阿里创业之初,那时团队只有几十个人,规模很小,大家都聚集在马云家里——就是今天的湖畔花园,彼此很多都是师生关系,从草根起步,当时阿里的第一个业务叫B2B业务,主要是做黄页业务,目的是促成中间交易,业务模式就是一群阿里的销售,通过自己的"11路公交车"——即两条双腿跑遍城市的大街小巷,只要是做外贸的商家都邀请到阿里注册开店,帮助国内卖家的商品被国外的买家所看到。

这个素来以执行力强、作风过硬而著称的销售队伍,因为所售的产品叫"CGS中国供应商",后面就有了一个互联网销售圈赫赫有名的称号——中供铁军。从这个团队后来走出了一批互联网圈内的干将:如滴滴出行的创始人程维,美团前COO干嘉伟,唱吧的创始人陈华,同程旅行的创始人吴志祥等。

中供地面部队的文化叫开单文化,一方面是销售每天在外跑客户,希望业务上开单,另一方面开单文化就是开心简单,大家的关系很温暖、温馨,有话直说,简单直接。2001年,阿里的团队扩大到二三百人,在整个互联网环境进入到寒冬的情况下,阿里第一个正式提出了集团的价值观:成为"独孤九剑",包括团队、诚信、教学相长等九个价值观的要求。2004年,阿里推出了淘宝,也同步更新了价值观,包括了诚信、敬业、激情、团队合作、拥抱变化、客户第一,称为"六脉神剑"。2012年~2015年,阿里加强了价值观对于文化底线和对管理人员的要求,进行了价值观的改革。2017年阿里正式确认了全球化、内需、大数据和云计算的集团战略,相应的也升级了价值观,同时价值观随着战略的升级全面升级。

其实,所有企业文化的内容都要结合着业务的发展、战略的发展做迭代和升级的,正因如此,推进企业文化的核心,就是不管什么样的文化、文化活动和文化产品,必须围绕着战略和业务的落地去推进。

另外,企业文化有一个重要的组成部分是文化的底线,也称为高压线。所谓高压线,就是企业决不能触碰的红线,告诉员工什么能做,什么不能做。高压线为什么重要?因为它不仅与业务相关,更是保证业务和团队健康发展与和谐的前提。一些企业的高压线是诚信正直,比如贪污腐败、滥用客户数据,一些食品行业的底线是保障食品安全,管理者和HR作为企业文化的捍卫者,就是用各种手段去提醒员工不要去触碰高压线,如果触犯了要坚决处罚。为什么高压线要去宣传、去执行?因为高压线有四个层面的含义:第一,高压线是游戏规则,是制度上要求什么绝对不能做;第二,高压线是企业文化,是企业中所有人的言行规范的要求;第三,高压线是个人修养,一个会触碰高压线的人,其职业道德、职业修养和行为准则上一定是有瑕疵的;第四,高压线代表了企业对外的形象,就是企业一直倡导的、惩罚的、传递的是什么文化内涵。

所以管理者对于高压线的态度应该是坚决贯彻,制度层是文化洋葱模型的第二层,所以制度在制定时可以集思广益,一旦确立,执行没有弹性的空间。

7.2 沟通是企业文化传承的第一步

想要把企业文化虚事实做,真正落地,既要做到墙上,也要做到员工的心里,除了体系化的模型,更需要一些实操的方式。阿里最常用的是六个文化落地工具:沟通渠道、虚拟组织、团队建设、文化道具、标志性事件和传承布道。结合阿里企业文化的多个具体案例场景,来看每个工具的落地方式,如图 7-2 所示。

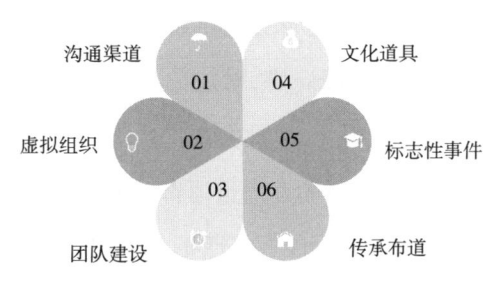

图 7-2 企业文化落地的六大工具

首先,沟通是文化传承的第一步。

谈到沟通,许多企业并不会陌生,许多人也知道透明的沟通文化很重要,对一家公司而言,沟通包括三个层面:对内部的沟通,对客户的沟通和对家人的沟通。

在公司内部的沟通上,阿里最有名的就是延续了十几年时间的内容论坛(BBS),叫"阿里味儿"。"阿里味儿"即有即时办公(OA)的功能,所有集团性的新闻、公告都是在"阿里味儿"上传递给全体员工的,另外每一个阿里的员工,都可以在"阿里味儿"上面自由发言,这个论坛实名制不删帖,每个发表言论的员工都可以看到他的真名、花名、工号,点开就是主管和人事专员(HRG)的信息,实名制还是匿名制在很多公司争论甚多,比如字节跳动下的头条圈就选择了匿名制的模式,但用阿里前首席人力官彭蕾的话"阿里提倡通透的沟通环境,即使是毒草,我们也要让它长在阳光下"。

"阿里味儿"里经常会看到一些帖子:比如吐槽公司某个制度、某个产品,甚至是认为绩效考核不公去吐槽自己的主管,"阿里味儿"每个版面有固定的版主,版主不是来删帖的,版主是看到员工反馈的信息及时向相关部门沟通、反映,给予回复的。比如每年的绩效季都会有被打了低分的员工发帖说自己的主管评价不公,HR如果看到这样的帖子就会去调查真实的情况,到底是打分不客观还是纯粹吐槽,并且调查后在帖子上给予回复,所有的阿里员工都可以看到调查的结果。

另外"阿里味儿"还有一个芝麻分的机制,类似于点赞和踩的功能,看到味道不正、不喜欢的帖子可以踩一脚,对应的芝麻分就会往下掉,质量优秀的帖子被点赞后可以被加芝麻分,以此实现了内部社交的功能。

对客户的沟通上,很多公司的客户沟通都是业务部门做的,业务部门跑"前线"、上门拜访、做需求调研,自不在话下,但中后台,如运营、HR、法务、财务这些岗位有时就离客户很远,为了解决这个问题,阿里专门规定了中后台部门的员工需要每年完成接触三小时的客户时,接触客户的方式可以是倾听,也可以是亲临一线。

很多公司和客户沟通的渠道是客户的服务热线,阿里也有,并且做成了一个专门的项目,叫"亲听",每一个月都会组织阿里的中层以上管理干部亲自去当一天的客服,去首席文化官(CCO)团队接电话,回复一线客户的问题,听到他们真实的声音,这个项目连阿里的合伙人都不例外。

除了听,还要动,阿里不仅要求在服务中心接统一的电话,每季度会定期组织中后台的员工到前线去拜访客户,这个项目叫作"足迹",如商家发展部、产品部、财务部、HR的员工会组成一个个的专家诊断团,到阿里的商家去,帮助他们一起诊断平台询单、my Alibaba后台的操作、产品的使用、流量的转换,甚至团队建设、财务分析等实际问题。所以,阿里就是通过设计相应的机制和项目,让自己的每一个员工,无论身处何种岗位,都应该也必须到一线去,接触真实的客户,看到阿里产品和服务的问题,回来做更好的修正,所以,既有倾听,又有足迹。

最后一个沟通,是很多公司忽略的,但如果做好了会非常出彩,即跟家人的沟通。阿里每年在和家人的沟通上有两项经典活动:一是"阿里日",也称为"阿里的家庭日",这一天,每一位阿里的员工都可以邀请父母儿女来到公司的园区,参与丰富和各种有趣的活动,有小火车、旋转木马、儿童乐园,还有各种零食和派对、亲友见面会。

为了防止员工因为工作安排而无法全身心投入家庭的问题,阿里便在制度层面上进行保证,即所有的管理者在这一天会被要求不可以安排业务会议,因为他们自己也需要去陪伴家人。

另外是每年过年之前的保留节目,叫"阿里家书"。

HR会组织自己负责部门的员工在网上给家人写100字~200字的祝福语,加上家人的照片印制成专属的明信片,搭配一本阿里集团这一年的发展纪念册,再加上一些过年的伴手礼:比如福字、红包、春联、公仔玩偶等做成一个礼包,一起寄送给家人。在阿里公司内,很多员工都面临着杭州工作、家在他乡的问题,一封家书带去的温暖可以让每一个阿里的员工家人感受到企业的人文关怀,一封家书也传承了阿里认真生活、快乐工作的价值观。

沟通的另一个文化展现,是公司有没有大家共同的语言体系,也就是只有内部员工才能懂的内部话术。比如阿里非常有名的"阿里土话"。

"阿里土话"通俗易懂口口相传,很多时候成为自我管理、自我激励的最有效武器,激发了很多人,也解决了很多需要通过管理手段去解决的问题,帮助很多人做到了自我管理的提升。

"阿里土话"是从哪里来的呢?其实是从湖畔创业开始的。当年,阿里人就会在各种场合不经意说出经典的语句,非常具有独特的阿里文化内涵。最早期在1999年创业初期,阿里在《钱江晚报》上刊登的招聘广告中使用了"此时此刻、非我莫属"这句话,成为公司内部的经典。后来这样的语句被阿里人越来越多地创造、收录并使用,深刻影响着一代又一代的阿里人,随后这种自创的话语体系被阿里人称为"阿里土话"。

"阿里土话"不仅是口号,更会让管理者记住一些管理要点和管理动作,如绩效目标如何能够制订得更加有挑战性,便有了如下"土话":"今天最好的表现是明天最低的要求";如果合作伙伴不配合你的工作怎么办?便有了"山不过来,我过去";向上晋升没有空缺的岗位怎么办?便有了"没有坑,就先把自己变成萝卜"。

2019年阿里新价值观"六脉神剑"升级,更是直接将六句最经典的"土话"变为了公司的价值观。所以,这些"土话"都是一家公司自成一体的语言体系,是沟通的一部分,也是企业文化的组成部分。

所以,一家企业的沟通渠道可以分为内部的沟通、客户的沟通和家人的沟通,同时可以借助一些"土话"来作为共同的语言体系,因为沟通,是文化传承的第一步。

7.3 阿里日、年陈文化:用小众的狂欢引起大众的围观

文化落地的第二个工具,叫作虚拟组织。

在企业中都有固定的组织架构、固定的层级,而虚拟组织,是在职场工作关系外,寻求另一种互信关系。企业的组织是按照职能划分的,是垂直的,而虚拟组织是横向的,通常可以分为以下四类:

第一类,社团性质的组织。例如喜欢书法的一群人可以组成书法派,喜欢玩乐队的人可以组成音乐公社,喜欢宠物的人可以组成宠物社群等,这种

组织基于大家共同的兴趣爱好。在咨询公司盖洛普的《伟大管理的12要素》里面,影响员工满意度的12个因素之一,就是在企业中至少有一个好朋友,建立虚拟组织,用爱好去链接情感。

第二类,管理机构组织。比如阿里M9以上的管理者会形成一个虚拟组织叫组织部,组织部的人员并没有什么职权,也没有上下级汇报关系,但会参与到集团的经营、战略和管理会议中。比如,现在的淘宝、天猫采取的是班委管理制度,即几个模块的管理者形成一个虚拟班委,共同做业务决定。

第三类,公益组织。比如绿色达人的社团、慈善小分队等。很多企业都会有希望工程或者是企业慈善基金,这类公益组织可以承接企业在慈善上的一些措施,将爱心和企业的善意传递给更多的人。

第四类,特定的荣誉组织,比如在某一个"大战月",所有当月签单在100万元以上的销售会把他们汇聚成一个百万俱乐部,针对他们做一些激励和赋能的动作,类似于会员俱乐部(member club),比如颁奖典礼上会有走红地毯的礼遇,也会有特殊的标志,企业聊天头像上会有专属皮肤,既奖励了他们的优秀才华,也向其他人传递了标杆的作用。

无论哪种虚拟组织都是一小波人组成的,是一个小众的团体,但小众团体的活动、行为却可以代表组织的企业文化,它是向公司更多的人进行展示和传达的一个窗口。所以,虚拟组织做好的核心是扩大宣传,这种宣传一方面是为了让更多的人加入,更是为了让组织的人知晓,当更多的人知晓时,虚拟组织才会从私下活动变为组织文化的一部分,所以虚拟组织的本质是什么呢?它的本质是用小众的狂欢引起大众的围观。

文化落地的第三个工具叫作标志性事件,标志性事件不同于普通的企业活动,它有三个特征:一、固定时间。每次举办的时间都是相对固定的,不是随性而为的;二、覆盖尽量多的员工群体(最好是全员);三、有特殊的意义。

在阿里最典型的标志性事件有三个:第一个标志性事件是"5·10阿里日","阿里日"又称为阿里的亲友日,是为了纪念在非典中阿里2003年发生的特殊事件阿里员工家人对于公司业务的支持而诞生的。在2003年非典爆发时,阿里员工将电脑搬回家中,很多客户打电话,有时听到的都是一个很苍老的人声在电话另一头答复"你好,这里是阿里巴巴",其实背后都是员工的父母,"阿里日"便应运而来。

在这一天全世界的阿里园区都会欢迎阿里员工的亲人参观,还会从当年注册结婚的新人中选取102对参加集体婚礼,公司负责人也会出席,这对很多阿里员工来说都是一生难忘的体验。

第二个标志性事件是阿里的"年陈日",也是每一个阿里员工的入职纪念日。在阿里,每个员工都有两个生日,一个是自己的生日,另一个是入司纪念日,称之为"一年香、三年醇、五年陈、十年馨"。入职满一周年的员工被称为"一年香",一年坛发,酒香四溢,初心不改,方得始终;入职满三年的员工被称为"三年醇",由外而内,酒味醇香,融入阿里,三年成人;入职满五年的员工,被称为"五年陈",内制外化、沉醉他人,传承是最好的感恩。

所以,HRBP作为员工的贴心人,会按照每个季度一次去举办一年、三年、五年、十年员工的年陈庆典,一年的员工会得到一枚勋章,三年的员工会得到一个吊坠,五年的员工会得到一枚根据自己指环定制的戒指,同时当天会有庆祝活动,有高司龄员工的分享、有主管的寄语、有畅想未来的游戏活动,也会有惊喜满满的礼物。

第三个标志性事件是阿里每年的天猫"双11"。"双11"是每年阿里业务上最重要的一场仗,是一次检验,也是阿里最盛大的一次庆典、一次狂欢、一次团建活动。从筹备到"双11"的当天会经历几个月的时间,涉及阿里经济体所有的业务单元,同时也会在里面设计各种文化活动。

在很多公司,即使没有别的事件,一定会有一个标志性事件,就是企业的年会,那么如何设计一场完美的年会呢?需要设计四个环节:第一要有欢乐气氛的营造,大家辛苦了一年,年会是一次好好放松和休息的机会,要在现场设置好玩的环节,比如集体游戏,游戏要简单、有趣,让大家能够玩到一起,当然抽奖是必不可少的环节,奖项不在于贵重,可以新颖取胜,如迟到券、额外休假权,亦可与CEO共进午餐,这都是可以设计的。

第二要有温暖人心的环节,让组织内部的明星或者英雄来分享他身上真实的故事,比如阿里在一年曾经出过一个最美妈妈吴菊英,请她来做分享,当时她发生了这样一件事情,她在小区散步的时候,徒手接住了一个从楼上摔下的小孩,导致自己的双手骨折,那一年,阿里把她评为最美阿里人,她的行为就是在随时随地传递阿里人的奉献精神,组织要的就是这样的员工,温暖永远有打动人心的力量。

第三要有荣誉表彰环节,除了和业绩相关的奖项,年会上可以设计一些跟业绩无关的奖项,比如最佳微笑奖、最有温度奖等,奖项的设计通常与企业的价值观关联,比如阿里B2B的子文化叫"利他、绽放、有味道",所以B2B"奶牛之夜"(年会的名称)上会设计利他之星、绽放之星和最有阿里味等奖项,这也是在潜移默化中落实文化传播。

第四要有CEO压轴讲话,这个环节必须由CEO来讲,年会不应该只是玩乐就过去了,应该成为文化落地的场会。所以企业文化的表达需要借用一些外在的形式,用正确的方式组织活动就能很好地展现文化的力量。缺乏必要的仪式感,文化的效果就会大打折扣。

7.4 阿里只做"有温度"的文化,而非"高福利"的文化

文化落地的第四个工具是团队建设。这种方式几乎所有的公司都会举办,比如小到部门层面的吃饭聚餐、大到公司层面的员工旅游、拓展培训等,

这些都是团队建设。在团建的选择方式上，除了传统的吃饭唱歌之外，密室逃脱、食材做饭、荒岛拓展、公益活动、看电影、看演唱会、角色扮演、剧本杀、攀岩、温泉、蹦床乐园等都是很好的方式，现在团队中"95后""00后"越来越多，丰富的团建才能让组织更有活力。

但在设计和组织团建时，一定要注意，团建不仅仅是让大家吃好喝好，玩得开心，放松心情，团建也是一个非常难得的推广文化的机会。

团建要离开办公室，在一个放松的环境中打造心与心的交流和连接，所以阿里通常会把团建和"裸心会"连在一起开。"裸心会"是非常具有阿里特色的一项活动，核心是打造一个让员工愿意说真话的场子。一场好的"裸心会"其操作要点有以下三个方面：

第一步，明确主题。"裸心会"要有明确的主题和主旨，比如这次的"裸心会"是要解决什么问题？"裸心会"可以在业务进展不顺利，一直拿不到业务结果，组织士气不振时开；也可以在跨部门协作不顺畅，部门墙无法克服的时候开；抑或员工对组织政策抱怨很多，与其让私下吐槽盛行，不如放在台面上聊得更清楚。

第二步，破冰打开。"裸心会"在办公室里是开不好的，办公室毕竟是办公的场景，很难打造具有安全感的氛围，所以裸心会最好与团建一起做，白天吃饭唱歌，晚上找个酒店会议室，桌子撤掉，大家坐在地上围城一圈，摆点饮料零食，环境足够舒适，"裸心会"才好开展。

第三步，引导对话。"裸心会"第一次做的时候最好有专业的人员做引导，可以是公司内部的OD专家，也可以是管理者，比如最简单的让员工吐槽公司的政策这一话题，也需要做提前的设置，为了防止大家隐藏内心，不愿意讲真话，需要提前指定一个平时性格较外向、较敢说的员工带头打开，在这个过程中，无论员工如何吐槽公司，管理者只需要记录，切勿进行点评，更不能有"出现这个问题，你怎么不思考一下自己是不是也有问题""你为什么不站在公司的角度考虑一下,公司这么大要管这么多人是不是也有难处"情况出现。注意:这是在开"裸心会",不是绩效辅导,一旦出现这种点评和说教式的言论,员工就不会再做任何"裸心"的动作了。所以管理者在这个过程中不要进行任何的评论,只要让员工充分发表意见,信息足够打通即可,记录下来的问题和意见如果可以解决的,就明确告知员工解决的时间,及时落地改进行动和意见,让员工感受到意见是被真诚倾听和尊重便可。

文化落地的第五个工具是文化道具,最简单的方式就是放一些和文化相关的仪式感和视觉化的东西,实现文化和信念的持续输出,在日常工作中实现对员工的影响,比如淘宝有一面倒立墙,每次有新员工加入淘宝的时候就会邀请员工去倒立墙倒立,这个和淘宝的倒立文化是紧密相关的,因为淘宝一直追求创新、有趣、好玩,如果想不出新点子怎么办呢,试试换个角度看世界。

文化的选择一定是由主营产品、业务模式和业务节奏相结合的,比如在"双11"之前,整个阿里园区外景和办公区域的布置都会体现浓浓的"大战"味道,每一年的"双11"都会有一个主题,比如2019年的主题就叫"在一起战未来",2020年叫"愿望一一实现"。"双11"在阿里巴巴既是最重要的一场"大仗",也是最盛大的一场狂欢,所以通过这种氛围的打造让员工对文化有更深刻的体会。

另外一种文化道具就是企业吉祥物的IP打造,比如很多"80后"小时候看过的动画片海尔兄弟,京东的小狗,腾讯的QQ公仔等,企业吉祥物用动漫人物或者动物来代替,通常会有趣、可爱又好记,通过视觉冲击带来公众的记忆,同时可以做成公司的伴手礼,也可以将一个强IP变为文化衍生品。

将企业吉祥物IP做到极致的要数阿里的"动物园"了。阿里的每个BU都选一个动物作为自己的代表,比如淘宝的淘公仔、天猫的黑猫,B2B的奶牛等,阿里把它作为文化的代表,进行了强IP的输出,比如为了跟"95后"的年轻消费者走得更近，阿里把这些萌宠做成了一个全家桶，放在"95后"最爱上的B站去做情感的连接，点赞量和转发量都非常高。

所以，企业文化道具的打造，既有办公环境的装饰、也有特色文化衍生品的开发，文化道具的价值就在于借助体现文化的器物，从细微处去传递企业的价值观和文化，让企业内外的人都能感受到企业的特质。

最后一个文化道具，叫做传承布道，每个公司都想在企业中建立一个网络矩阵来传承组织文化，而这个矩阵通常由老员工、优秀员工、高层和一线管理干部组成。在矩阵中，第一个传播群体是老员工，老员工是最适合宣传企业文化的群体，除了平时工作以身作则之外，老员工可以在新员工培训时去宣传企业文化，对新员工而言，与其让领导去讲，不如让老员工去讲，反而更有亲近感。在阿里入职培训的第二节课，就是一个绰号叫"阿里活化石"的老员工来讲"我在阿里18年"，他讲的全是工作中的点滴小事，讲述了"阿里铁军"当初是如何从"被狗追、被保安赶、被所有人说网上卖东西的都是骗子"，到今天成长为全球B端最大的电子商务网站的历程，没有大道理，全是他的故事，历历在目，让所有培训的新员工都印象深刻。所以让老员工在新员工培训时去传递文化，是一个不错的方式。

第二个传播群体是优秀员工，这些优秀员工可以是绩效优异的头部员工，也可以是价值观楷模，如果要宣传优秀员工，就应该让他站在全员大会的演讲台去分享和交流，当然因为表达和分享是代表公司来发言的，所以讲什么、怎么讲很重要，不能随意发挥，所有的内容都需要对焦、确认、修改过。同时尽量用讲故事的方式来表达，可以更亲切、生动和真实。

第三个传播群体是高层的示范。高管不需要时刻出现，但在关键场合里他们说的每句话都会影响员工的价值判断和行为取向，高管强调什么，公司就会倡导什么，即为高层示范的作用，对员工的激励作用是非常大的。

第四个传播群体是一线管理干部，他们和一线员工接触最多，也是最适合向一线员工宣导和传递企业文化的,让他们借助设置一些日常的管理动作或者通过团建的方式去建立企业文化。

企业文化还体现在公关事件的处理态度上,2020年全国的学生都只能在家上网课,所以阿里的钉钉就成了在线教育的工具平台,这引发了全国小学生的众怒,认为钉钉夺走了他们的假期,本来可以在家睡大觉,现在对着镜头冲老师笑,一怒之下,全国的小学生都蜂拥至各大App平台给钉钉打一分,并号称"五星好评,分期付清",让钉钉在苹果商店的评分一度低至1.2分险些下架,面对这样的一次公关危机事件,钉钉的团队一边加服务器,更好地迭代培训场景的功能需求,做产品的升级,一边延续了阿里乐观主义的文化,在各大平台上用"我还是个孩子,求少侠手下留情""五星好评不分期,求一次付清"这种有趣的方式做公关应对,所以,一家公司文化的传递就是告诉员工和外界这家公司要什么,不要什么,文化是虚的,所以要把虚的东西做实,文化是散的,所以要把散的内容聚合,文化是高的,要把高的姿态放低,文化是硬的,要把硬的形式做润。

本章知识点精华

(1)战略就是客户价值,文化就是言行举止。

(2)文化落地的洋葱模型:精神层——制度层——行为层——器物层。

(3)沟通是文化传承的第一步,做有温度的文化而非高福利的文化。

(4)文化落地的六个工具:沟通渠道、虚拟组织、标志性事件、团队建设、文化道具和传承布道。

第8章　机制配套：究竟是HRBP还是换了个名字的HRM

8.1　阿里的HRBP是如何工作的

阿里人才管理体系能落地，除了与高瞻远瞩的业务管理者有关，还来自阿里的人力资源团队。阿里的HR在业内是出了名的能力高、业务认知强、综合实力过硬，在业务里也确实有话语权和影响力。例如，许多公司招聘的时候，HR是负责简历收集、组织面试的，而阿里的HR，除了做这些基础性的工作外，更重要的是在面试时拥有一票否决权，在面试的流程中，业务管理主管先面，然后是经理面，经理面完后是HRBP（人力资源合作伙伴），如果

HRBP面试时说这个人的味道不符合"阿里味儿",价值观文化匹配度不高,那么业务技能再出色也无法通过,由此可见阿里的HRBP确实是很有话语权的。HRBP和管理者共同组成了阿里人才管理体系的双支柱,阿里的HRBP是如何工作,又是如何帮助业务的呢?

这需要追溯到2002年~2003年,这是阿里B2B业务高歌猛进的时期,在这段时间里,阿里实现了从每天收入100万元到每天盈利100万元再到每天纳税100万元的业务目标,因为外贸形势大好,全国各地的分公司快速扩张,业务发展的需要产生了很多空缺岗位,大量的员工被提升为管理者,因为管理干部普遍比较年轻,他们做业务个个目标感极强,业绩结果优秀,但管理经验缺乏,对员工的关怀不多,个别管理者甚至一味地追求业务结果,而丧失了对企业文化和价值观的坚守。

当时阿里的HR部门更多是从事以结算工资、缴纳社保甚至是一些其他基础的行政工作,HR普遍对业务缺乏了解,与公司高速奔跑的业务节奏脱节,为企业带来的价值有限,而互联网企业是高度需要激发个体创造能力和群体想象力的地方,所以阿里的高层做了两个变革,一个叫补短板,从业务部门中选调了一些既懂业务又懂组织的管理者上来,将HR变成了权力更大的HRBP,HRBP具有否决部门业务和人事决策的权力。另一个叫"拆小法",如果部门一个管理者不够就拆成两个,业务管理者管业务,"BP"管组织和文化,两个人相互弥补、相互监督、相互补位。

所以阿里的第一批HRBP都是从优秀的业务人员中选出来的,可以说是业务时代的背景推动了BP的产生。

HRBP在阿里人力资源系统里面的标准叫法是HRG,每一名入职阿里的员工都可以在个人的信息页面里看到两个信息,一个是自己的主管是谁,另一个是自己的HRG是谁,HRG是HR generalist的缩写,可译为HR多面手,什么都要管的意思。所以从名字也可以看出来,BP不是走某一个模块的专业路线,是走什么都要会、什么都要懂的综合路线。

HRBP,实质是公司派驻到各业务线的人力资源管理者和价值观管理者,与业务经理一起做好所在团队的组织管理、员工发展、人才培养等方面的工作。

从1999年阿里诞生到今天,HRBP一共经历了四个发展阶段。1999年~2003年阿里的营收更多是基于B2B业务,它是电子商务的基础,那段时期是HRBP的种子期。

2003年,淘宝横空出世,随后支付宝诞生,从B2B到C2C,随着阿里业务的不断扩张,个人消费模式的逐渐升级,HRBP体系也开始萌芽,HR开始和业务有了更多的连接。

2009年~2013年,阿里花力气打造电子商务的生态链,支付、物流、云计算相继落地,企业规模也达到了2.4万人,这段时期是HRBP的发展期。

从2014年至今,阿里着力打造集移动电商、大数据、云计算为一体的综合性数字经济体,业务范围也延伸到了本地生活、新零售、健康、娱乐等新领域,企业人数也上涨为10万人,在一个经济体的模式下,HRBP的模式也逐步走出企业,向阿里的客户、生态方、合作伙伴覆盖,迎来了BP的生态期。

阿里HRBP在企业中的定位到底是什么呢?两句话就可以概括:"上得厅堂,下得厨房",所谓"上得厅堂"就是能进行组织诊断,发现真正的问题,具备HR专业能力,提出并实施解决方案;而"厨房"就是员工、组织,"下得厨房"是HRBP要去做有温度的HR,HRBP陪伴和跟随员工成长,要有独立的思考和判断,敢于说真话、丑话,要坚持自己的坚持,笃定自己的笃定。

如果把组织比喻成一个家庭,业务管理者就是这个家庭的家长,是一号位,而HRBP就是这个家的女主人,家里所有的事情都要管,大家出门去"打仗","弹药"足不足,精气神好不好,能力够不够,家长里短的事情有没有牵挂,这些都是女主人要去操心的,甚至组织需要时全家都要一起上"战场"。比如在特殊时期,企业中人人是销售、人人是客服。

HRBP 是一个组织里的二号位,他也是天然的管理者,一号位"受伤"的时候他是要能带着兄弟们冲到一线去"打仗"的,所以一个好的组织,业务管理者和 HRBP 是雌雄同体、出双入对的。当然这个与性别无关,不是说"政委"一定都是女生,阿里有很多优秀的 HRBP 都是男同胞,他们一样可以做到对员工温润如水,需要的时候剑指四方。

因为这样的定位,也就明确了 HRBP 的四大角色,使命愿景的坚守者、文化的捍卫者、组织机制的架构师和业务的战略伙伴,如图 8-1 所示。

图 8-1 阿里 HRBP 的定位

HRBP 在日常的工作中具体如何来履行四个角色呢?这就引出阿里 HRBP 的工作矩阵。主要围绕着业务、组织和文化这几个关键词展开。

业务。一,参与业务规划。HRBP 不是天天坐在办公室里,他一定是紧贴着业务的发展,所有重要的经营分析和管理会议都要参与,在这个过程中他不仅要倾听、要记录,还要参与讨论且给意见,以确保目标的达成。二,助推业务。所谓的实事就是业务的事,用阿里的话说是要"打仗"了,定了这个季度要创造一亿的营收,这个具体的 KPI 是实的,业务部门会去做拆解目标,会去追过程、拿结果,HRBP 就不能再去做这些了,HRBP 做什么呢? 实事虚做,去打造氛围、去做文化、去做激励,HRBP 需要搜集每一个部门、团队、区域为了达成业绩目标而发生的感人事迹,进行宣传,提供精神上的助力；HRBP可以去帮助大家协调资源，在关键流程上做改善、做驱动甚至做一些团队建设的活动带大家玩，让大家不要紧张，比如每年的"双11"，业务在打一年中最关键的一场"仗"，但HRBP也同步策划了一年中最有激励性的一次团建。三，节点推动。高层制订战略，中层分解战略，基层执行战略。政委要根据业务管理者拆解的目标节点，制订相应的活动计划并执行落地。要设置时间节点，业务全年最重要的时间节点在每个事业部是不一样的，比如阿里的B2B事业群，三月、六月、九月、十二月是四个"大战月"，有时还会十一月、十二月连打，而在天猫和淘宝每年最重要的三个时间节点是"618"、"双11"和"双12"。

确定时间节点后，HRBP需要做不同的活动推动计划达成，比如大家都知道"双11"是阿里每年最重要的一场"仗"，HRBP需要设计和组织"双11"项目启动会，启动会需要有情感、有趣味、有意义，让大家充分释放情感，对目标有充分的认识，并充满使命感。再比如每年年初的阿里各个BU都会开全年的启动大会，将全年BU战略和管理要求传递给全员，再加上晚上的节目演出，用仪式感凝聚人心，让大家在新的一年里有方向、有干劲。

另外，HRBP还要学会温暖人心，"大战月"并不是每个月都有，激情四射不能总在高点，也需要有走心、有温度的设计，所以HRBP会在其他的月份对员工分层、分场景地管理，比如召开小型的"裸心会"或者团建，有节奏地推动大大小小的活动，都是助力业务目标完成的一个很好的手段。

组织。业务的结果是由业务管理者负责的，HRBP最核心的战场还是要回归到组织，关注组织、关注员工和关注管理者。关注组织，HRBP要围绕业务目标进行组织架构和编制梳理，每个月做离职分析和人效分析，在做离职分析的时候需要先梳理这个月离职的人数和离职的原因，做好的前提是理解离职的"133定律"，一个员工在企业中为什么会离职呢？无非有如下原因：

> 1个月内离职——HR 招聘渠道和前期沟通有问题。
>
> 3个月内离职——对产品和上级管理者没有信心。
>
> 3个月到1年内离职——管理者授权、激励、辅导不到位。
>
> 1年到3年离职——缺乏成长空间。
>
> 3年以上离职——企业在中、长期的激励不够。

根据每次的离职分析,及时改进措施,保证企业的快速修复和成长。

所谓人效分析就是根据入职时间去划分员工群体,然后结合业务数据,算出人效产出比,根据结果制订培训计划,1年以内的员工人效低往往是专业技能不够,岗位知识掌握不够扎实或者知识的应用转换不足;3年以上的员工人效低则可能是对组织的信任感不足,是个体的"心力"出了问题,能量场不够,就需要与组织之间加强链接。

关注员工,因为 HRBP 的时间是有限的,所以需要重点去关注三类人:新人、KOL 和骨干员工。

新人是一个组织的新生力量,一方面,他们成长得好坏决定了组织的未来;另一方面,他们的成长速度也间接反映了组织在培训、辅导、激励方面是否存在问题。同时,新员工刚刚加入一家公司,对于遇到问题的敏锐度是很高的,一般也很愿意提想法和意见,关注新人会得到很多意想不到的信息。

KOL 为关键意见领袖,KOL 是非权力影响力的员工,即常常说的民间领袖,KOL 的群众基础好,行为对于团队有很强的导向性,他们是未来的权力拥有者和管理者,与这类民间领袖做好"情感银行"的储蓄和沟通,可以帮助真正的权力拥有者降低管理成本,减少公司制度落地的阻力。同时,骨干员工是一家公司的中坚力量,他们的表现既承上,决定未来管理层的蓄水池状况,又启下,决定了他们会给新人树立什么样的标准,做出什么样的榜样。

骨干员工,也可称为管理干部,要对管理者做管理能力的培养,管理能力不是天生的,很多管理技能是通过后天去学习的,需要先讲授再练习最后复盘,所以阿里会日复一日给业务部门的领导去上管理"三板斧"的培训课程,沉淀和提升管理能力。同时HRBP还会关注管理者的职业生涯规划,在大部分企业中都会有管理线和业务线两条大的职业通道,不要觉得既然已经是管理者了就注定要朝着管理线发展,很多管理者的管理道路是有瓶颈的,到了某个层级确实就上不去了;还有一些管理者他们其实根本不愿意管人,或者管了一段时间人之后发现太麻烦了,还是愿意回去继续做专家,每个人背后的真实需求都需要HRBP敏锐地识别出来,然后去做有针对性的动作。对管理者还要做激励,管理是一件苦差事,有很多委屈、心酸只有管理者自己才知道,HRBP就是要去做那个送温暖、给能量的人,有的时候,管理者并不需要HRBP做什么,只需要一个倾听的人,需要有人听他吐槽,HRBP就是那个人,等他吐槽完,注入新能量,开启下一段征程,所以HRBP一定是一个有温度的HR。

文化。文化是HRBP的核心战场之一。

文化的落地需要不断地宣贯,HRBP要做好宣传,宣贯使命、愿景、价值观,宣贯标杆文化,政委有时是员工知心人,有时也是员工的"老大哥",是正能量的代言词,告诉员工这个组织要什么、不要什么。

企业文化的落地要提炼案例,这些案例不是杜撰的,是提炼出企业真实发生过的事件。比如,企业的价值观怎样去宣贯,价值观的关键词很简单,无非是追求卓越、团队协作、客户第一等,如果去讲概念,大家必定是不愿意听的,所以HRBP会去寻找标杆,寻找故事,故事就是把抽象的概念形象化,需要借助别人的案例,让文化形象温润、可视化。

同时企业文化的落地需要有高压线,HRBP是文化的捍卫者,高压线是企业的底线,是所有员工不论岗位、不论层级绝对不能去做的事情,比如贪腐、滥用客户数据、不诚信等,HRBP要明确地传递给员工,组织奖励什么、惩罚什么,做了什么会被警告、批评、乃至辞退。

最后,上面这些事情阿里的 HRBP 是用什么方式、在什么场景下做到的呢？这就不得不提 HRBP 的四大特色工作场景,"闻味道"、"揪头发"、"照镜子"和"搭场子",如图 8-2 所示。

图 8-2　阿里 HRBP 的四大特色工作场景

第一,"闻味道"。每个组织都有自己的气场、都有自己的味道,HRBP 要有敏锐度,业务正在做的事情和组织要的味道一致吗？味道正吗？是组织要的吗？

HRBP 闻味道就是要求 HRBP 既要有敏感度和判断力,又要懂得"望闻问切","望":透过现象看本质;"闻":感受,闻气味;"问":沟通,与员工去聊,与管理者去聊;"切":以小见大,切中要害,不能"闻"了却不说,也不能"闻"了乱说。

第二,"揪头发"。我们经常在评价一个人时会说,这个人什么都好,就是大局观不够、格局不够。什么是格局？什么是大局观？最简单的方式,就是站在他的上级角度想问题,HRBP 就是要督促员工和管理者,"揪"着他们上一个台阶想问题,知道自己的上级现在想什么？知道上级的上级在想什么,就是要把问题"揪"出来,把格局"揪"上去,这样才能促进多方位、多角度思考,培养员工的大局观。

第三,"照镜子"。"照镜子"的核心是自我认知,认识真实的自己,肯定自己的优点,发现自己的短板;同时镜子也要照别人,"照"下属、"照"同事、"照"老板,都"照一照",才能发现盲区、发现潜力,让组织变得更好。HRBP经常提供"照镜子"的各种方式,比如开"裸心会",标杆的学习,再比如晋升和考评时用360°评估,都是"照镜子",同时镜子不能照完就完了,还要及时交流,要有定期复盘和改进措施。

第四,"搭场子"。有三个人或者三个人以上的聚集都叫作"场子",所以培训是一个"场子",开各种会议是一个"场子",团建是一个"场子",HRBP在这个过程中不是去搞定会议室、端茶倒水、买茶歇这些事,这是组织,不是控场,HRBP的"搭场子"是要去提升"场子"的质量。一个好的"场子",会让个体与个体、团队与团队、组织与个体都有充分交流的可能性,是以解决目标、促进组织发展为导向的,会收集广泛的信息、引发更深度的思考、促进更有质量的对话。控场需要引导的工具,也需要HRBP自身对问题的笃定和认知。

8.2 阿里HR如何与业务管理者实现同频共振

阿里HR通常是支持一个事业部、事业群或者区域的专业群,如果HR想要顺利推动人才管理的工作,有一个关键人物一定不能忽略,就是业务搭档。与管理者建立信任,只有他们协同支持HR的工作,后面的工作才会事半功倍。

很多公司的HRBP都会纠结与新的团队或者新的搭档之间的配合,纠结如何才能和他们建立信任关系,阿里的HR则有一套独特的方式。

人与人之间信任的建立是需要花费时间的,不是一蹴而就的,与业务管理者建立信任有四大关键点,即信任的源头、信任的基石、信任的前提和信任的秘诀。

信任这件事情，简单来说就是在需要的时候可以把后背交给自己的战友，无条件的相信同事。那么如何快速的取得一个并不熟悉的伙伴的信任，这里的切入口既不是唱歌也不是吃饭，是解决业务问题。所以阿里 HR 上岗时必须学习的一个专业技能就是组织诊断，这个工具帮助所有 HR 在着陆到新团队的时候可以快速了解三件事：组织当下存在的问题是什么？最急需解决的问题是什么？业务管理者最关心的事情是什么？这三件事，就是 HR 问题解决的切入口，这个切入口背后的含义是：HRBP 刚到一个团队，新官上任三把火，让业务管理者觉得这个 HR 与以前的 HR 不太一样，如何做到不一样呢？即用 HR 的专业能力去解决业务搭档最关心的问题。

阿里 HR 的第一个能力要求，就是要懂业务，因为懂业务是前提，是 HR 解决问题的前提，HR 懂业务是从业务端入，从组织和人才端出，所以要先知道业务的问题是什么，才能合群、融入，不然永远都是一个局外人。所以从业务管理者最关心的问题入手，比如他的问题是缺人，那就暂时不做培训；如果他的问题是流动率高，士气不好，可以做离职分析，到底是招的人不合适还是培训没跟上，或是激励不够，招的人不合适可以调整招聘的流程，培训不够可以做人才培养的动作，激励不够如果是物质的可以调绩效，精神缺失的可以试试"裸心会"等，所以建立信任的源头是解决业务问题，成为业务伙伴。

那么，建立信任的基石是什么呢，是从信任链开始，这个信任链氛围有两条，一条是感性线，就是人与人的联系，第一次见面总要一起吃顿饭，不需要太过刻意的专门吃饭，中午食堂或者工作餐都是可以的，然后非正式的场合，包括团队建设 HR 也会参与进去，HR 常常与他们搭档的团队在一起，下午的时候一起喝咖啡、喝奶茶，顺便聊一聊，都是从感性的层面和搭档产生接触，增加信任的方式。

另外一条是理性线，正式的场合可以做组织和业务的对焦会，现在团队有什么问题,业务搭档有什么期望,在办公室里花几个小时正式地谈一谈,有一些业务的主题会议HR是一定会去参加的,在关键的场合需要管理者把HR介绍给团队成员,如果有正式的会议效果是最好的,如果没有就在钉钉群里介绍。先介绍,再沟通,从需求到解决方案,HR都会跟业务管理者做深度的沟通,同时HR还会跟员工去沟通,尤其是跟员工里的三类人沟通:新人、KOL和骨干员工,厘清需求,明白现在团队的真实情况,才能提供有针对性的解决方案。

一方面,感性上有了深度接触,从陌生人变成同事、变成熟人、变成战友;另一方面,理性上HR可以给管理者在组织端和人才端提出有针对性的解决方案,那业务管理者就会觉得HR是一个可信的人,从而真正信任HR,与HR成为战友。

所以,很多公司的HR常常抱怨业务管理者总是把人力资源当成是一个监管机构,不信任HR,总是对HR藏着掖着。如果出现此类情况,HR不好按照这个信任链去做,先问自己是否打开内心,用开放的心态去接触业务,去学习、去了解,所谓你若盛开,蝴蝶自来。

那么如何判断HR能否与业务建立信任以及信任程度,就需要判断彼此有多少信任资产,即拥有的共同点有多少。通常彼此的信任资产会包括:第一个是资产,也是最重要的,有没有共同的目标和价值观。目标是什么?大到使命、愿景的认同,小到今年主要策略目标要怎么"打",认知是不是一致,如果业务说今年就应该"开疆拓土""招兵买马",把盘子做大,但HR觉得还是应该把基础夯实,做一些精细化运营的动作,不要着急把步子迈得太大,那这个点上HR就需要好好和管理者搭档对焦一下,确认到底是开源还是夯实,因为目标不同,会导致运用的策略完全不同,具体落地的规划也不同,所以业务和HR一定要有共同的业务目标和组织目标,即阿里常说的有了一颗心,在一张大图上说话,才能打好一场仗。

另外，要有共同的价值观，组织的价值观是用来寻找对组织认同的人，个人的价值观也是一样，很多情侣分手的原因是三观不合，业务和 HR 的关系也是类似的，如果一个追求的是当下的现金流，什么赚钱做什么，让组织先活下来，业务线跑起来，而另一个看重的是长远，一些不赚钱的项目也做，这里面并不一定谁就是绝对的对或错，只是彼此的价值观不同，价值观不同可能会一起走一段路，但一定很难走长路，这个是要提前盘点的。

第二个是关系，这里更多的是指工作中彼此可以链接到的关系资源，比如我认识谁，你认识谁，我们共同认识谁，我们都想认识谁，所谓的熟人交际范围，是链接彼此的一个很重要的因素，也是后面开展工作时的资源来源。

第三个是情感，好的业务和 HR 搭档一定是要做到同频共振的，什么叫同频共振？就是彼此有共同的情感和情绪，共同喜欢什么，共同厌恶什么、坚决抵制这个组织出现什么、提倡什么，要什么、不要什么，这些都是基于 HR 和业务对组织的期望是否在同一个方向上的关键因素。做到情感的共通需要彼此有同理心，注意，是同理心，不是同情心。同理心看重的是我们正在经历什么，同情心是那是你的事情，我同情你，我安慰你，但那是你的事情，与我无关。阿里对 HR 的定位是要做一个"小棉袄"，就是懂人心、通人性，懂得搭档的难处是什么，为什么痛苦，为什么开心，为什么焦虑。

如果 HR 要从一个"小棉袄"做成"大棉被"，那不仅仅要知道业务搭档的这些感受，更要知道所支持的组织的感受，组织的集体人格，这个组织为什么奋斗，又为什么焦虑，什么可以让这个组织士气振奋，什么又会让这个组织斗志全无。HR 做好不容易，一定是心力、脑力、体力三位一体的，一定是智商、情商、逆商都高的，所以 HR 不仅要理性地分析，还要感性地体会。

第四个是共同的爱好，比如是不是都喜欢旅游、是不是都是美食爱好者，家里有孩子能不能交流育儿经，买房的时候有没有学区房推荐，这些生活上的共同点越多，HR 与管理者的信任资产就越多。

另外，阿里的 HR 在了解业务时还有几个特别注意的点。首先，HR 需要经常反思，自己到底和业务团队在一起的时间有多长，是偶尔出现，还是随时都在他们身边。很多 HR 都有两个工位，一个在 HR 团队那里，一个在业务那里。在空间位置上离业务近一点更好，因为方便与他们聊天、观察，先做到"身陪伴"，再做到"心感知"。

其次，判断 HR 是否深入人心的一个维度，就是你的支持团队跟你的链接都发生在哪个场合？如果是正式的工作场合说明 HR 离深入人心还很远，如果业务部门搞团建、出去玩的时候也会叫上 HR，这种私下的场合、非官方的组织都参与进去了，那就真的深入人心。

再次，HR 需要"八卦"，这个八卦是"HR 听八卦，但 HR 不传八卦"。听八卦是指 HR 对公司各种信息的敏锐度，例如为什么大家私下会抱怨，是组织的规则制定有问题，还是传达有问题，从这些信息里面去求证、去论证、去诊断，所谓兼听则明，不传八卦是 HR 的基本职业操守。

最后，阿里 HR 在专业度方面也是业内首屈一指的，一方面，阿里招人的标准比较高，尤其是最近几年能进入到阿里做 HR，本身的基本素质和专业能力都需要有较高的要求，另一方面，阿里二十多年来也一直很注意在人力资源方面方法论的开拓和沉淀，所以无论是组织发展还是人才发展上，都有很多业内学习和效仿的工具，这些都保证了 HR 可以凭借自己的专业度真正帮助到业务部门。

以招聘为例，业务独立招聘也是可以的，但 HR 给业务设计流程，开发清晰的面试标准，梳理针对性的面试题本，通过管理"三板斧"的培训赋能面试技巧等，都会让业务觉得，HR 还是很有专业度的，这就是关键的专业能力的保证。

同时，HR 做的所有动作都是要有产出的，在很多公司会觉得人力资源是职能部门，做了很多事情，但没法量化的，这个想法不对，所有的工作不一定能量化,但都是可以有考核结果的,这个结果初阶是完成了什么事,中阶是做好了什么事,高阶一定是做对了什么事,所以 HR 的一个很重要的能力跟业务是一样的,就是拿结果的能力。

在具体的实操技能上,HR 用什么方式来懂业务,有三个最快速的典型方法,也是最快可以跟业务管理者建立信任的方法,如图 8-3 所示。

资料研读法　　　　调研访谈法　　　　沉浸陪伴法

三类资料:行业报告、公司内刊、竞对数据
三类会议:战略规划会、绩效复盘会、人才盘点会

三类调研:满意度调研、离职反馈调研、职业生涯调研
三类人群:管理者\KOL\新人

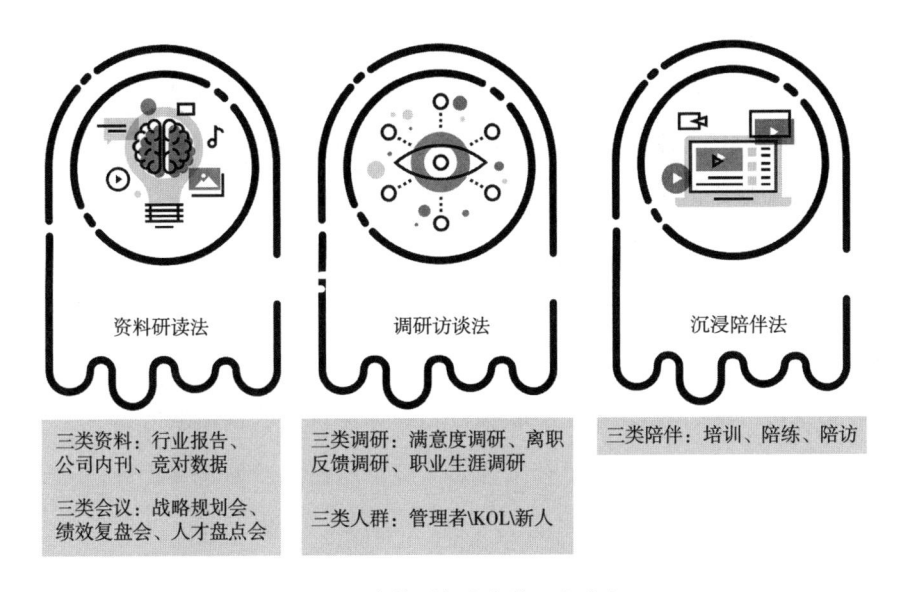

三类陪伴:培训、陪练、陪访

图 8-3　高效了解业务的三大法宝

第一种方法,资料研读法。这里的研读包括两个动作:读资料和参加业务。说到懂业务,大家都知道要去看财务报表、去参加会议,可是资料那么多,到底要看什么。会议那么多,如果都参加 HR 也没什么时间做自己的本职工作了,所以要参加值得参加的会议,要看那些值得去看的资料。这里主要包括三类:一、行业报告,这是为了解宏观的状况、行业趋势,称为"接天气";二、公司内刊、公司历年的领导讲话、经营重点、管理重点、营收利润情况等,称为"接地气";三、竞对的数据。这里包括 BU、产品线主要的产品特色、客户定位、组织架构、人才情况等都需要了解,也可以通过竞对的官网、

咨询公司的薪酬报告甚至在面试时从竞对过来的面试者提供的信息来逐一了解。

看完资料,还要去参加业务会议,一定要参加的三类会议是:战略规划会,绩效"复盘"会和人才盘点会。战略规划会是业务端的会,后面两种是组织端的会。HR不仅要参与,还要在里面去主导和引导;有人会说我们公司没有那么开放,业务的会议不让HR听怎么办?一句话,山不过来,我过去!HR不要想着业务主动邀请我们,很少有企业的管理者会有这样高的管理意识,但没有关系,业务不主动,HR自己主动一点,前面提到HR要"八卦",就是听说要开战略会了,主动要求去参加,知道了业务才能更好地规划组织,如果万一运气不好,遇到那些比较封闭的业务方怎么办?可以及时说明,解释自己只是列席旁听,不会去参与指挥、指手画脚,通常情况下,管理者都是会同意的。

第二种方法,调研访谈法。看资料和参加会议是获取信息的第一步,这些信息能看到的是表层信息,如果想要了解组织更深度的真实信息,需要做调研和访谈。同样,调研也不能天天做,做得多了业务方也会厌烦,要抓关键的问题去调研,一定要做三类调研:第一类是满意度调研,有的公司叫敬业度调研、组织温度调研等,名称不重要,核心是去员工那里了解对于组织好的地方、不好的地方的信息,这个调研的频率可以半年一次,最长至少每年一次。第二类是离职反馈调研,每一个离职员工的调研一定要认真做,HR要参与到每个员工的离职面谈中,一个人离职无论表面的理由多么的冠冕堂皇,多少都会对组织的某些方面不满意,这就需要HR去深挖,面谈的时候要追问,尽力挖掘到不满意的因素。例如是否觉得薪酬问题或者团队氛围不好,抑或工作量太多,以及上级管理的问题等。第三类是调研建议,建议HR每年做一次,即个人职业发展方向意愿的调研。职业生涯调研可以帮助组织更好地排兵布阵,另一方面也向员工传递出组织关注员工职业成长的态度。

第三种方法,沉浸陪伴法。这种方法花费的时间是最多的,但可以获得的感受和信息是最直接的,需要 HR 直接参与进去。

这里的三种陪伴是培训、陪练和陪访。培训是小型或者大型范围内的培训技能组织,是正式由 HR 牵头的一种方式。陪练是按照绩效辅导的 16 字方针,HR 可以直接和员工践行"我说你听,我做你看,你说我听,你做我看",当然,这种方法的使用本身对于 HR 的业务技能掌握要求是很高的,一般比较适合从业务转为 HR 的员工。陪访,比如阿里很多 HR 支持销售团队的时候,都会主动去给客户经理们"拎包","拎包"就是跟他们一起去见客户。陪访过程中会重点看三个信息:第一看客户,因为去一线直接接触客户,倾听他们的声音,了解他们对于产品和服务的反馈;第二看员工,就是看陪访的这个客户经理,他在工作过程中销售的技巧如何、知识掌握的如何、灵活应变的能力如何,HR 回去之后就会反馈给本人和他的主管,我们也就可以给这位员工制定具有针对性的培养方案;第三看组织,如果这个客户经理某些技能或者知识缺失,要判断是不是组织的问题,是不是大部分客户经理都不了解、不知晓,那就是组织的培训没做到位,需要去改善。所以陪访这种方法非常推荐各家公司的 HR 用,HR 要深入业务,绝对不能天天坐在办公室里,一定要走到一线去,倾听一线真实"炮火"的声音,在这个过程中看客户、看员工、看组织。

阿里的 HR 在与业务建立信任的关系中,也有一些底层逻辑,在这里也一并介绍:第一,懂业务是一个渐进的过程,不要着急,不要急于求成,不用把自己逼得太紧,如果太累了可以休息一下,可以暂时放松自己,只要 HR 有心去懂业务,一定是可以做到的;第二,懂业务是一个从内部到外部的视角,先见自己,再见世界,先看公司,再看竞对、行业;第三,懂业务是要求 HR 理解、读懂、认知业务,而不是自己上来就绘制、规划、指挥业务,HR 懂业务不是去做业务,HR 的懂业务是从业务端入,从组织和人才端出;第四,业务的最终原点是客户,懂业务的本质是懂客户,组织中关于业务的方法、信息、每个维度的指标和目标,这些东西一定没有现成的,不会有一个人把它们梳理完整直接给 HR 用,所以需要 HR 自己站起来,走出去,与业务搭档一起,找到散落的信息,拼成共同的战略大图,实现真正的同频共振。

8.3　HRBP 和 COE、SSC 如何进行高效的分工和协同

三支柱是十几年前传入中国的 HR 共享的架构形式,在阿里也运行了很多年,在三支柱的分工和协同上,阿里的所有人力资源基础操作事务都是由阿里的共享服务中心,以下简称 SSC 来统一办理的,他们的主营工作包括客户、服务、平台、系统、流程五个部分。

SSC 团队的主要工作内容包括三部分,第一部分与入离职相关,包括居住证、社保、公积金、档案管理、户口管理、合同印章、开各种人力资源证明等。第二部分是与薪酬福利相关的,包括薪资的发放、年度的体检安排等,阿里的体检不仅是对员工本人,对所有阿里员工的家属也有免费的体检,很多家属与员工经常不在同一个城市,如果员工想帮父母或者公婆预约,只要拨打一个内网的电话,整个体检的安排流程都会由 SSC 来统一搞定。另外阿里对员工有免息的首套房贷款叫"iHome 计划",还有内部救济和救贫困的福利项目,叫"蒲公英计划"和"彩虹计划",另外还包括股权的兑换、假期的管理、商业保险办理等。第三部分是阿里现在是一个国际化的经济体,会有很多的入境外派和外派的事务性办理,用什么方式才能高效撑起十几万人这些基础性的工作,阿里的 SSC 将工作平台简称为"一根线"、"一张网"和"N 张台","一根线"是内部的 HR 热线,整个中国大陆地区的员工如果要办理任何的人力资源事务,打 HR 热线 24 小时都有人接通。"一张网"是阿里

的内网,里面有专门的一个叫"MY HR"的界面,可以直接看到员工的薪酬、五险一金、股权、体检结果等所有信息,如果员工要申请薪资证明、工作证明、户口调入调出的一些表单证明,直接在内网上填写申报,很快就会有SSC的专员对接,一些简单的证明就可以拿着工牌到各个阿里园区的HR服务台在自动HR管家机器人那里打印出来了,复杂一点的证明则在SSC的服务台出具就可以。

所以,阿里的SSC借助网络和系统的便捷性,大大提升了工作的效率,SSC的要求和客户的服务提供出发点就是好的客户体验,高效有温度、灵活稳定、合规有味道。

SSC是整个HR三支柱里面最能够体现客户第一的模块,原因是"政委"作为HRBP以服务支持的团队同事为主,但SSC覆盖的是全集团,所以客户服务的理念非常重要。阿里SSC的客户服务具体要求有三点:一是感同深受,来SSC办理业务的员工一定是有刚需的诉求,所以SSC的HR一定要有同理心,把别人的诉求当成自己的诉求,这样就出现诸如"现在已经下班了,明天再来吧"的情形;二是热情解答,阿里对所有HR的要求是必须做一个有温度的HR,HRBP可以支持业务有温度,COE可以体现专业有温度,SSC热情服务有温度;第三是专业办理,SSC的新员工入职时会有一整套完善的培训体系,帮助新人快速上手所有复杂的操作,SSC也是有专业度的,比如一个员工办解约,需要很熟练地知道员工应该是赔付N,或者$2N$,或者$2N+1$,员工如果从杭州调到北京,在杭州缴纳的社保和公积金是取出来还是可以直接转到北京等问题,这些对于规则、制度、劳动法的熟悉,都是SSC的专业度。

一个部门工作的高效落地,必定是需要制度来支撑的,阿里的SSC有三大配套的落地制度。一是首问责任者,很多公司一定有过这样的工作场景,有位员工打电话咨询一项事务,接电话的HR说"这个不是我负责的,我转给对接的同事负责"，阿里的 SSC 里面也是有模块细分的，有负责工资的，有负责福利的，如果某一位员工打进电话来问福利的相关内容，被转给了负责福利的员工，第一个接电话的人就是首席责任人，后续依然需要去追踪问题有没有解答，不是转过去就不管了，谁首接，谁负责，就是首问责任制。

二是所有问题都要 2 小时响应，24 小时解决，所有员工在 HR 系统上提交的信息，从提交那一刻开始系统就会计算问题解决时间，然后定期排名，对员工问题反映处理慢的职位都会被通报，这个不仅在 SSC，在业务部门、客服部门也有同样的机制。

三是持续学习制，SSC 不是日复一日只要干活就行了，也有很多 HR 专业度的培训，表现优秀的 SSC 也有往业务或者 HRBP 转岗的机会。

另外，阿里 SSC 的一个特点是像产品经理一样思考，每一项福利、薪酬都可以看作是一个项目，比如 iHome 是一个项目、蒲公英是一个项目、体检也是一个单独的项目，既然是项目，就会有项目价值，就会有产品的不断迭代，就会有专门的运营动作，这些都是产品经理的思维模式，所以对做 SSC 的同事有一个要求，如何做厚工作价值，就是把自己负责的项目当成一个个精品去运营。

借助阿里的实际操作，看看人才管理中三支柱具体的分工和定位。

HRBP 是贴近"前线"业务的，所以核心价值是业务需求的挖掘，通过沟通，帮助一个个项目落地，拿到业务结果，所以他们是高效的沟通者和业务的陪伴者。

COE 是走模块专业路线的，要研究趋势、数据、发展方向、制度、流程、方法等，所以都是以专业为导向的。

SSC 是提供响应速度化和服务定制化的，产出为精益化流程、流程执行效果、数据报表，是稳定的服务者。

另外在对三支柱不同模块的能力要求上，HRBP 前面提到要开三种会、看三种资料、做三种访谈,目标就是要加强对业务的认知、诊断和项目管理的能力。

COE 的能力要求解读需求,找量身定做的解决方案,推标准化的流程,宣导培训,要有辅导、咨询、教练、引导的能力。

SSC 是流程精益化和信息数据化的执行者,需要维护和分析数据响应速度,他们需要做事细致、认真、客户服务速度快等,这是三支柱不同的能力要求。

三支柱在一家公司肯定不是割裂的,大家共同合作来完成一个模块工作,以招聘这个场景举例,在招聘中 COE 的核心工作是制定胜任力模型、选拔招聘工具、出标准化的面试流程方案、出统一的表格、上系统流程等,这些统统都要做到工具和系统化。

各个事业部的 HRBP 是招聘的具体实施者,他们可以借助 COE 设计的工具流程去面试、在系统上去记录、判断业务的需求是什么、组织和人才如何匹配,根据各个事业群、事业部、分公司的情况去做个性化定制。

SSC 是支持高效的人员入职办理流程,HRBP 确定入职后会给候选人发录用通知(offer),随后就会由 SSC 匹配入职小助手,管理后招聘期的所有内容,如户口办理、党团关系转移、社保公积金、体检、背调等工作。

所以,每一个选育用留的模块,阿里都是借助三支柱通过协作来使整个人才管理的效率最大化的。

8.4 传统企业、中小型企业向 HRBP 体系转型的几个关键点

很多传统企业都在学习和借鉴阿里的 HRBP 模式,希望能转型 HRBP 或者三支柱模式,如果以前传统企业是六大模块的职责分工,现在要转三支柱模式,要先自测一下,回答以下三个问题。

> （1）转型的原因是什么？是业务发生变化了吗？是员工能力有变化了吗？是行业的标杆已经采用三支柱了，需要跟上时代吗？还是管理需求变化了？
>
> （2）对企业来说转型的难点是什么？是因为受到行业的限制不适合做三支柱？员工的职业化程度不够？员工和管理者的思维模式比较传统？HR的定位在公司是一个职能部门还是业务合作伙伴？
>
> （3）转型的影响因素有哪些？例如转型目标是全面转成三支柱，还是先建立一个HRBP，其他慢慢转，分几个阶段来完成这个转型，整体的方向是哪里？要做或者已经做了哪些准备？

这是在转型前要思考清楚的三个问题，如果回答完这些问题，发现很多信息还没有很明确的答案，没有想清楚，那不要着急，可以先等等。

如果这些问题的答案都已经很清楚了，传统企业的转型可以按照以下七步来走，如图8-4所示。

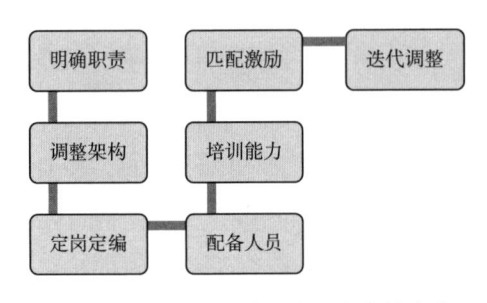

图8-4　企业转型三支柱的七个关键步骤

第一步，明确职责，从以前平行的六个模块变为三支柱，COE、SSC、HRBP都需要承担哪些职责，职责是架构梳理的第一步。第二步，调整架构，明确了设置哪些模块，就可以根据职责分工进行相应的架构调整，将COE、SSC和HRBP下面具体需要的岗位进行细化。第三步，定岗定编，可根据架构确定相应的岗位名称、核算科学的编制人数。第四步,配备人员,人的来源首先对当下的人员进行能力和意愿的重新评定,放入到合适的岗位中,随后根据缺少的岗位进行外部招聘弥补。到这里为止,三支柱的全貌和对应的人员就有了定型,接下来是转型的关键步骤,第五步,培训能力,即对人员进行重新培训。

在三支柱中HRBP人数多且工作内容杂,是首先需要进行培训的对象,笔者之前为京东、特步、美的、英雄互娱、平安、伊利的HR团队做"高影响力HRBP的转型之路"的内训培训,发现很多HRBP在从六大模块转型到HRBP的时候,都存在着"为什么我转型做HRBP,工作依然和以前一样""如何快速地理解业务,且基于业务需求设置人力资源的工作计划""业务搭档不重视,总是把HRBP当成打杂小妹,要如何提升对业务的影响力和话语权"这类问题,诸如此类的问题需要先从角色转换开始,帮助更多的HRBP转换认知,在基于实战工具,例如懂业务、建组织、促人才、推文化都是有相应的落地工具可用的,在工作中真正使用这些工具,为业务团队带来价值,帮助业务实现真正的赋能和成长,同时做到懂人心、识人性,才能实现和管理者的同频共振。

在完成了前五步后,还要注意不要犯"只让马儿跑,不给马儿吃草"的误区,这便是第六步,匹配激励。岗位定位和能力要求都在变化,薪酬、绩效和激励的手段却无任何转变,对于员工工作积极性的刺激效果就会大打折扣,所以需要重新对绩效目标和考核方式进行设置。

至此,三支柱的结构就全部完成,人员也做好了目标、能力、激励的匹配,三支柱就可以正常运转起来了。但商业环境是一个不断变化的过程,没有绝对优秀的架构,更没有一成不变的组织,公司可以根据业务的变化,对人力资源的结构进行实时调整,保证人力资源的迭代速度可以配合乃至于牵引业务的迭代速度,这便是第七步,迭代调整。所以三支柱的转型不存在绝对的句号，它是不断进化和演变的过程。

另外还有一种借鉴"政委"的形式，是中小企业的转型。与大公司相比，中小企业的人力资源管理最常见的问题，通常有两个：第一，没钱，能力和大厂对标，但薪酬只有大厂的一半，工资提不上去，招聘费用、培训费用更是少得可怜，手头有的资金流更多的还要放在业务的发展上，人，只能先放一放；第二，缺管理，如果公司物质激励差一点，精神激励、愿景激励做好了也是有用的，但是，中小企业很多管理人员的管理水平还是较为薄弱的，管理能力方面要提升的地方有很多，经常会简单粗暴、只看结果，辅导和赋能的能力都有限，员工觉得要么领导风格适应不了，要么跟这样的领导干也没有前途，离职率就很高，总之，缺资金和缺管理加到一起就是缺人才。

所以公司规模不大的中小企业，想要转三支柱或者设置"政委"体系，有几个关键点可以借鉴：第一，了解企业当下的生命周期，再确定转型的动作。如果公司现在刚刚起步，还在生存期，甚至还不一定能够活下来，那么HR现在应该扮演坚实后盾的大管家角色，先把基础的事务性工作理顺，不用着急马上转向"政委"HRBP体系。

第二，搞清楚转型HRBP这件事的关键发起人是谁，背后的"为什么"（why）是什么，知道了why才知道"怎么做"（how）和"做什么"（what）。如果确定要转型，需要确定人力资源的配置和准备度，包括人员准备度、能力准备度、思维准备度三个方面。

第三，三支柱模式可以一步到位，也可以小步快跑、分阶段实施，比如先搭建一个SSC，然后做BP，最后搭COE，不需要一步到位。很多小公司的HR人数不多，就会出现一个HR既要做COE，又要兼职HRBP的情况，处理不好就会出现一人多岗的情况，管理起来很麻烦，此时可以先确定一个主岗位，岗位名称不一定叫HRBP，但可以做支持业务的工作，因为HRBP不仅仅是一个岗位，更是一种思维模式，是一种区别于传统HR的，从需求、痛点、结果出发的思维模式,可以先培养 BP 的思维,再设置 BP 的岗位。

第四,平台虚拟化,三支柱不一定是完全实体的存在,也可以是虚拟化的平台+小组制运营,尤其是 COE 的一些专业项目,如搭建某个体系或者攻坚某个项目,可以组成一个小组制运作,有内部的分工让项目运行起来,而不用将三支柱设置得过于细致。

三支柱的这种管理模式对于一家企业的人才管理体系是非常好的助推力,无论在传统行业还是新兴行业,无论是大公司还是小公司,战略型、经营型的人力资源其本质都是一样的,即要读懂业务、抓住问题、探索需求、结果导向。

本章知识点精华

(1)阿里的 HRBP 体系是阿里人才发展的核心因素之一,HRBP 是使命、愿景的坚守者、文化的捍卫者、组织机制的架构师、业务的合作伙伴。

(2)阿里 HRBP 的四大核心能力:懂业务、推文化、促人才、提效能。

(3)HR 三支柱是协同共赢的关系,SSC 的核心为高效,HRBP 的核心为陪伴,COE 的核心为专业。

(4)传统企业或中小企业转型可以根据企业的现状选择合适的转型路径,理念为先,组织为后,HRBP 不是一种岗位名称,而是一种思维模式。

致 谢

  本书得以面市要特别感谢这几年一直支持我的内训客户和学员，也感谢京东、科大讯飞、58同城、特步、英雄互娱、平安、泸州老窖、伊利集团、华润置地等诸多公司的信任，管理课程的高频、持续复购促成了我们这几年的深度合作，让我有机会在原来的知识体系上不断迭代行业最新的管理实践。

  也特别感谢中国铁道出版社有限公司的王佩老师及其团队的帮助，才有机会让这本书面向更多的人。

  感谢我的爸爸张永勤先生、妈妈吴宝珍女士，养育之恩无以报，但更高兴继承了你们乐观豁达的个性和永远元气满满的精力值；感谢我的先生张斌先生，感谢你在智慧和商务上的鼎力输出，春风十里，不如有你；还有我的两个可爱的小天使，UU和YY，平安和喜乐一定是伴随成长的最好词语，人生很长，不必慌张。

  谢谢每一位听过我的课程的同学，很开心看到那么多同学在听课后实现了升职加薪，实现了思维的升华和认知的超越。特别感动的是一些"铁粉"，凡是我出的每一门新课都必买，感恩！感谢！后续会继续强力输出更多听得懂、有干货、能落地的好课给你们，不负每一份热爱，更不负每一份期待，愿我们都能成为更好的自己。我们不带货，我们带你飞！

这本书只是我个人过去知识的沉淀，也欢迎你关注我的个人公众号"张琳老师"，我会持续和你分享最新的行业管理动态，另外也期待有机会跟你们在企业内训课或者线下公开课中见面。我相信，即使网络再发达，也无法取代线下人跟人相见的亲密链接感，毕竟，有太多一面之缘，值得被留恋，有太多感动的事，等待被发现。

期待跟你在未来更广阔的空间中再见，祝福你我。

张　琳

读者意见反馈表

亲爱的读者：

感谢您对中国铁道出版社的支持，您的建议是我们不断改进工作的信息来源，您的需求是我们不断开拓创新的基础。为了更好地服务读者，出版更多的精品图书，希望您能在百忙之中抽出时间填写这份意见反馈表发给我们。随书纸制表格请在填好后剪下寄到：北京市西城区右安门西街8号中国铁道出版社有限公司大众出版中心 王佩 收（邮编：100054）。或者采用传真（010-63549458）方式发送。此外，读者也可以直接通过电子邮件把意见反馈给我们，E-mail地址为：505733396@qq.com。我们将选出意见中肯的热心读者，赠送本社的其他图书作为奖励。同时，我们将充分考虑您的意见和建议，并尽可能地给您满意的答复。谢谢！

所购书名：＿＿＿＿＿＿＿＿＿＿＿＿＿＿＿＿＿

个人资料：

姓名：＿＿＿＿＿＿＿ 性别：＿＿＿＿＿ 年龄：＿＿＿＿ 文化程度：＿＿＿＿＿＿＿

职业：＿＿＿＿＿＿＿ 电话：＿＿＿＿＿＿＿＿＿ E-mail：＿＿＿＿＿＿＿＿＿

通信地址：＿＿＿＿＿＿＿＿＿＿＿＿＿＿＿＿＿＿＿ 邮编：＿＿＿＿＿＿＿＿

您是如何得知本书的：

□书店宣传 □网络宣传 □展会促销 □出版社图书目录 □老师指定 □杂志、报纸等的介绍 □别人推荐
□其他（请指明）＿＿＿＿＿＿＿＿＿＿＿＿＿＿＿＿＿＿＿＿＿＿＿

您从何处得到本书的：

□书店 □邮购 □商场、超市等卖场 □图书销售的网站 □培训学校 □其他

影响您购买本书的因素（可多选）：

□内容实用 □价格合理 □装帧设计精美 □优惠促销 □书评广告 □出版社知名度
□作者名气 □工作、生活和学习的需要 □其他

您对本书封面设计的满意程度：

□很满意 □比较满意 □一般 □不满意 □改进建议

您对本书的总体满意程度：

从文字的角度 □很满意 □比较满意 □一般 □不满意
从技术的角度 □很满意 □比较满意 □一般 □不满意

您希望书中图的比例是多少：

□少量的图片辅以大量的文字 □图文比例相当 □大量的图片辅以少量的文字

您希望本书的定价是多少：

本书最令您满意的是：

1.
2.

您在使用本书时遇到哪些困难：

1.
2.

您希望本书在哪些方面进行改进：

1.
2.

您需要购买哪些方面的图书？对我社现有图书有什么好的建议？

您更喜欢阅读哪些类型和层次的经管类书籍（可多选）？
□入门类 □精通类 □综合类 □问答类 □图解类 □查询手册类

您在学习计算机的过程中有什么困难？

您的其他要求：